本书为福建省高校特色新型智库"民营经济发展研究院"阶段性研究成果，由
民营经济发展研究院、福建省自然科学基金项目（2020J01782）资助出版

众筹投资者的
本地偏好及其经济影响

ZHONGCHOU TOUZIZHE DE
BENDI PIANHAO JIQI JINGJI YINGXIANG

郭丽环◎著

中国出版集团 | 全国百佳图书
中国民主法制出版社 | 出版单位

图书在版编目（CIP）数据

众筹投资者的本地偏好及其经济影响 / 郭丽环著 .
北京：中国民主法制出版社，2025.4. — ISBN 978-7
-5162-3904-9

Ⅰ. F830. 45

中国国家版本馆 CIP 数据核字第 20254ZV916 号

图书出品人：刘海涛
出 版 统 筹：石　松
责 任 编 辑：刘险涛　吴若楠

书　　　名 / 众筹投资者的本地偏好及其经济影响
作　　　者 / 郭丽环　著

出版•发行 / 中国民主法制出版社
地址 / 北京市丰台区右安门外玉林里 7 号（100069）
电话 /（010）63055259（总编室）　63058068　63057714（营销中心）
传真 /（010）63055259
http: // www.npcpub.com
E-mail: mzfz@npcpub.com
经销 / 新华书店
开本 / 16 开　　710 毫米 ×1000 毫米
印张 / 13. 5　　字数 / 172 千字
版本 / 2025 年 5 月第 1 版　　2025 年 5 月第 1 次印刷
印刷 / 三河市龙大印装有限公司

书号 / ISBN 978-7-5162-3904-9
定价 / 79. 90 元
出版声明 / 版权所有，侵权必究。

前　言

在离线交易场景中，本地偏好是一种普遍现象，指的是投资者行为在地理位置上呈现出趋同性，而非广泛扩散。换言之，投资者行为往往难以超越地理位置的限制。越来越多的学者认为，在市场结构分析、政策制定以及社会福利提供等方面，都应充分考虑投资者行为的本地偏好特征。贸易的本地偏好甚至被视为国际宏观经济学六大谜团之一。然而，在众筹平台中，所有资金流均通过在线转账完成，不存在地理位置的隔阂；同时，信息流对所有投资者而言都是可见的，也不存在地理位置的差异。互联网的发展打破了线下交易的空间壁垒，因此理论上在线众筹市场不应呈现出显著的本地偏好现象。但遗憾的是，鲜有研究聚焦于在线众筹市场中的本地偏好，更无研究探讨在线众筹中本地偏好的经济影响，或比较不同国家间投资者的本地偏好差异。

本书运用数据挖掘方法和计量模型，搭建了投资者本地偏好行为与众筹项目融资效果之间的桥梁。通过数据挖掘方法对数据进行分组、分层、分面的分析，构建了投资者多层次本地偏好行为模型。本研究采用了来自全球最大的回报型众筹平台 Kickstarter 的数据，利用爬虫技术抓取了 136234 个众筹项目及其地理位置数据，同时采集了所有投资者的地理位置信息。为了横向比较中美两国投资者在本地偏好上的差异，笔者采用了来自点名时间（Demohour）的347个中文众筹项目及其详细的投资数据。通过数据挖掘和实证分析方法，本书得出了以下关键研究结论。

（1）在线众筹模式虽打破了地理位置的局限，但仍表现出了显著的本地偏好。在线金融市场中，本地偏好是投资者的典型行为模式，即投资者倾向于投资距离自身较近的众筹项目，而不愿投资距离较远的项目。

（2）本书证实了投资者在不同项目类别中的本地偏好呈现不同趋势。以往研究往往将投资者行为模式作为一个整体进行分析，而未对本地偏好对象进行细分。本书将项目按类别细分后，证明了在不同项目类别下，投资者行为呈现出不同模式的本地偏好。在某些项目类别中，本地偏好显著存在并影响融资绩效；而在其他项目类别中则无此效果。

（3）本地偏好在众筹投资行为中的存在具有层次性、动态扩散性，并对融资绩效产生重要影响。本书采用的数据包含时间变量，便于从动态视角考察本地偏好的变化，有助于深入理解投资者行为模式的变化。在融资初期，投资者与融资者的距离较近；随着融资的进行，投融双方的平均距离从3605千米逐渐增加到4229千米。本地偏好的扩散在不同项目类别中呈现出完全相异的走势。通过预测模型发现，在考虑本地偏好的扩散后，对项目融资结果的预测准确率从63%提高至70%以上。

（4）通过对中美两国投资者本地偏好趋势的比较，实际投资数据表明：美国投资者更加开放，他们投资外国项目的比例更大；而中国投资者的本地偏好则更为强烈，即中国投资者更倾向于投资本国的项目。从中美两国内部投资行为来看，两国投资者均呈现出不同程度的本地偏好，展示了地区差异。理论上，西方海洋文明与中国农业文明对投资者在线众筹项目投资行为存在影响。在海洋贸易背景下，投资者更具开放精神，因此对本地资源的偏好较小；而在中国的农耕背景下，投资者受到农耕文化、乡土情结、血缘、姻缘、乡缘、地缘、人缘等因素的影响更大，对本地资源的依赖也更大。通过对比不同国家投资者的行为差异，有助于拓展乡土情结对在线众筹项目投资行为的应用和解释。

本书丰富了对投资者行为模式的理解，提升了互联网金融的管理和营销渠道，为互联网金融的健康发展提供了理论依据与实践参考。本研究有助于以本地偏好行为模式为指导，设计新一代的互联网众筹模式：依据投资者行为模式的特点，指导设计充分考虑投资者投资偏好和投资特点的新一代互联网众筹模式，以提高互联网金融的融资能力和友好性。

C O N T E N T S

目　录

第1章 导 论

1.1 选题背景和研究意义

1.1.1 选题背景

1. 众筹模式发展迅猛，市场前景广阔

互联网金融是网络应用的重要发展方向之一，近年来呈现出爆发式增长。在国际上，互联网金融领域群雄并起，先后涌现出众筹融资、P2P 借贷等新金融模式。众筹为创业者提供了一种便捷的融资渠道，因此引起了政府的广泛关注。2012 年，美国颁布了 Jumpstart Our Business Startups Act（JOBS 法案），旨在保护投资者和创业者的权益。^① 就国内发展而言，2014 年中国互联网金融规模已经突破 10 万亿元人民币。^② 同年 3 月 5 日，在第十二届全国人民代表大会第二次会议上，李克强总理在政府工作报告中强调，要"促进互联网金融健康发展"。这是互联网金融首次被写入政府工

---

① STEMLER A R. *The JOBS Act and crowdfunding: Harnessing the power—and money—of the masses* [J]. *Business Horizons*, 2013, 56 (3): 271-275.

② 芮晓武，刘烈宏 . 中国互联网金融发展报告（2013）[M]. 北京：社会科学文献出版社，2014：70.

作报告。[①]

以众筹（Crowdfunding）市场为例，市场调查数据显示，2011 年众筹市场规模为 15 亿美元；2012 年上升至 27 亿美元，支持了超过 100 万个项目；2013 年进一步增长至 61 亿美元；2014 年更是达到了 162 亿美元，增幅为 167%；2015 年，市场规模实现了超过两倍的增长，达到 344 亿美元；2016 年则超过了 500 亿美元[②]。据预测，众筹市场规模将以每年约 30% 的增长率持续增长，到 2022 年交易额将达到 26 万亿美元。从全球分布来看，交易额排名前五的国家分别为中国、美国、英国、法国和加拿大[③]。据统计报告显示，2017 年我国众筹行业上线平台总计 834 家，成功融资超过 260 亿元，比 2016 年增加 42.57 亿元，增长率为 19.58%。众筹可为个人创业者提供早期的资金支持，促进创新，因此引起了科研人员、创业者和政府的广泛关注。

2. 众筹项目投资者的本地偏好行为对融资绩效具有重要影响

在线下交易模式中，"本地偏好"（Home bias，Local preference，Effect of geography）是一种常见现象[④]，指的是投资者行为呈现地理位置上的趋同性，而非扩散到更广泛的区域，尤其是对国内资源和交易对象的偏好[⑤]。换言

① 尹丽 . 互联网金融创新与监管［J］. 学术探索，2014（8）：68-71.

② TESTA S, NIELSEN K R, BOGERS M, et al. *The role of crowdfunding in moving towards a sustainable society*［J］. *Technological Forecasting and Social Change*, 2019, 141 : 66-73.

③ SIMONS A, KAISER L F, BROCKE J V. *Enterprise Crowdfunding: Foundations, Applications, and Research Findings*［J］. *Business & Information Systems Engineering*, 2019, 61 (1): 113-121.

④ BANNISTER J, HO L C J, SONG X. *Equal opportunity market: Sources and remedies of home bias in US market reactions to restatement announcements*［J］. *Review of Accounting and Finance*, 2019, 18 (3): 508-531.

⑤ ARDALAN K. *Equity Home Bias: A Review Essay*［J］. *Journal of Economic Surveys*, 2019, 33 (3): 949-967.

之，投资者行为往往难以打破地理位置的限制[①]。例如，商业行为、贷款等更多地发生在一个国家或一个州（省）内部，而非国家间或州之间；同一个国家的交易也更多发生在某个区域的内部。关于"本地偏好"的现象，早在 20 世纪就有研究者提出，越来越多的学者认为在市场结构分析、政策制定以及社会福利提供等方面[②]，都应考虑投资者行为的本地偏好特征。尽管不同学者的研究结论存在一定差异，但一个不争的事实是：贸易的本地偏好确实存在，并被认为是国际宏观经济学六大谜团之一[③]。

在互联网领域，关于本地偏好的投资者行为研究刚刚起步，相关研究结论尚不多见。对于在线市场而言，互联网的发展打破了线下交易的空间壁垒，因此理应不会呈现显著的本地偏好现象。然而，已有研究表明，在线市场中也呈现出显著的本地偏好现象[④]。但较少研究专注于在线众筹市场中的本地偏好现象，更无研究试图探讨在线众筹中本地偏好的经济影响；同时，也缺乏对不同市场交易主体在本地偏好上的差异研究，例如，中国和美国的投资者是否表现出了不同的本地偏好？

在众筹平台中，所有资金流都是通过在线转账实现的，不涉及地理位置的隔阂；同时，信息流对所有投资者来说都是平等可见的，亦不存在地理位置的差异。打破了地理位置局限的在线众筹模式，理应不会呈现出明显的本地偏好趋势。但在已有的少量研究中，均表现出了显著的本地偏好。因此，即使在在线金融市场中，本地偏好也可能仍是投资者典型的行为模式，投资

① LIN M, PRABHALA N R, VISWANATHAN S. *Judging borrowers by the company they keep: friendship networks and information asymmetry in online peer-to-peer lending* [J]. *Management Science*, 2013, 59 (1): 17-35.

② 刘健，陈剑，廖文和，等. 基于风险偏好差异性假设的动态决策过程研究 [J]. 管理科学学报，2016, 19（4）: 1-15.

③ 张少军. 贸易的本地偏好之谜：中国悖论与实证分析 [J]. 管理世界，2013（11）: 39-49.

④ FORMAN C, GOLDFARB A, GREENSTEIN S. *The Internet and local wages: A puzzle* [J]. *The American Economic Review*, 2012, 102 (1): 556-575.

行为的本地偏好是影响融资绩效的重要因素。

3. 探讨文化差异对在线投资的影响并完善投资者偏好建模

现有研究主要是基于本地偏好现象进行的，缺乏对国家之间的差异进行比较。中美两国投资者代表了不同的文化背景，前者是在农耕文化孕育下具有乡土情结的投资者，而后者则是在海洋贸易文化下具有开拓精神和商业精神的投资者。这两类投资者代表了两种不同的文化，对其深入分析有助于理解文化对个体投资行为的影响，并为在线众筹的管理提供理论依据。一旦确切地了解投资者投资行为的本地偏好，就可以借助这种偏好构建更加准确的投资者偏好模型，进而提高投资者行为预测的准确率。因此，本地偏好有助于提升个性化推荐的性能。

现有的研究主要采用数理统计方法，虽然能够揭示现象，但对现象的本质解释存在不足。近年来兴起的数据挖掘、社会关系分析等为解决上述问题开辟了新思路。采用数据挖掘方法可以对数据进行分组、分层、分面分析，得到投资者多层次的本地偏好行为模型。引入数据挖掘方法，可以搭建投资者本地偏好行为与众筹项目融资绩效之间的桥梁，从行为角度探索在线众筹项目投资行为的引导因素。例如，采用数据挖掘方法，可以得到国家层次的本地偏好模型、区域层次的本地偏好模型、个人层次的本地偏好模型以及社会化网络下的本地偏好模型。这些投资者行为模型可以广泛应用于投资者偏好识别、兴趣精准匹配、个性化推荐、市场热点识别以及政府监管和政策制定等领域。

基于此，本书以众筹项目投资行为的"本地偏好"为研究对象，遵循"研究数据库构建—分层次本地偏好识别—本地偏好解释—本地偏好比较—本地偏好应用"的研究思路，先后采用行为学、数据挖掘技术、计量经济学以及预测分析等研究范式，同时引入社会化网络研究方法，识别众筹项目投资者行为的本地偏好多维属性及原因，进而探究筹资者和投资者的行为模式；以中美两国的文化背景差异为基础，比较两国投资行为的本地偏好差异；最终揭示本地偏好对众筹项目融资效果的影响机理；并把本地偏好与投资者偏好模型结合起来，以个性化推荐为例，提升个性化推荐中投资者偏好建模的准确度。

1.1.2 研究意义

1. 在理论方面，丰富投资者行为模式的价值发现研究体系

目前，针对众筹模式的研究尚处于起步阶段，相关研究成果相对匮乏。特别是关于众筹项目投资者行为模式的研究，尚未形成系统性的理论成果。本书基于数据挖掘理论，采用设计科学、行为科学与计量经济学等多种研究范式相结合的方法，从本地偏好现象切入，依托真实的投资数据，深入剖析本地偏好产生的根源，构建投资者多层次的本地偏好模型，探究本地偏好行为模式对众筹项目投资意愿的影响路径，并建立本地偏好行为模式与众筹项目融资效果的理论模型。同时本书还尝试对比中美两国投资者在本地偏好上的差异，揭示两国投资者在参与众筹项目时本地偏好因素的异同。此研究有助于拓展投资者行为模式的研究范畴，揭示众筹投资中本地偏好的内在机理，从而丰富互联网金融领域投资者行为模式的价值发现研究体系。

2. 在实践方面，推动互联网金融设计的完善

在众筹项目的实际运营中，筹资者与众筹平台均面临诸多困惑：在线众筹项目打破了传统市场的地理界限，吸引了广泛的投资者参与，那么投资行为是否存在本地偏好？本地偏好的强度如何？是否需要基于本地偏好模型对项目进行个性化精准匹配？如何有效利用投资者的本地偏好来提升众筹项目的融资绩效？本地偏好模型如何影响政府政策与监管？如何根据

投资者的本地偏好行为模式设计新一代的互联网金融模式？现有研究大多聚焦于项目投资者的参与意愿分析，对互联网金融市场中的本地偏好现象探讨较少，缺乏足够的理论成果为操作层面提供系统性指导。本书将对投资行为的本地偏好模型与融资绩效的机理展开研究，有助于揭示在线环境下本地偏好的行为驱动、社交驱动、投资驱动、情感驱动、理性驱动以及非理性驱动等多重因素，为新一代互联网金融模式的设计提供实践指导。同时，通过对国家文化间差异对在线众筹影响的研究，有助于理解不同投资者群体之间的行为差异，为中国特有的农耕情景、乡土情结等现象提供合理解释。

1.2　研究思路和研究方法

1.2.1　研究思路

在研究内容上，本书以"研究数据库构建—分层次本地偏好识别—本地偏好动态扩散趋势及理论解释—本地偏好的比较性研究（中美比较及内部比较）—本地偏好应用实验"为思路展开研究。总体思路如图 1.1 所示，具体分为以下几个方面。

第一，研究数据库构建。国内外已有多个较为成熟的众筹平台（如 Kickstarter、点名时间等），积累了数以十万计的众筹项目。为此，本阶段将对大量众筹项目进行采集，充分考虑各种特征维度，以大数据思维构建研究数据库，便于未来研究的扩展。在构建研究数据库时，尤其需要重视与地理位置相关的变量。

第二，分层次的本地偏好识别。投资者的本地偏好涉及多个层次，如国家层次、区域层次、个人层次，以及社会化网络下的本地偏好。不同层次的本地偏好模式各异，需要分别进行识别和归纳，以探索其影响机理。

第三，本地偏好的静态分析及动态扩散趋势与理论解释。本地偏好由多种原因导致，本书拟采用计量经济学、行为学，以及社会化网络的相关理论，对在线众筹市场的本地偏好进行解释。特别是已有研究尚未系统性地揭示社会化网络对本地偏好的影响。作为投资习惯，本地偏好会影响投资行为。通过计量模型分析，本书将探讨本地偏好对众筹项目融资效果的影响，并基于本地偏好的影响建立众筹项目融资绩效的预测模型，以验证本地偏好在预测投资者行为上的有效性。已有研究多将本地偏好视为静态的投资者行为模式，忽视了投资行为的动态性。本书将在静态研究的基础上，从动态角度研究本地偏好的距离扩散现象及经济影响。

第四，中美投资者本地偏好的比较性研究。中国和美国现已发展成为世界上最大的两个经济体。从微观角度比较中美投资者在本地偏好上的差异，有助于深刻理解两个市场的相似之处及差异，同时也有利于深入理解文化差异对投资行为的影响。因此，可以预见，由于文化背景的差异，中美投资者可能呈现出不同的对本地资源的偏好。

第五，本地偏好的应用。本地偏好是关于投资者投资行为模式的研究，该行为模式具有丰富的应用前景，如投资者个性化偏好模型、在线广告个性化匹配、个性化推荐、市场热点识别，以及政府监管和政策制定等，为完善众筹这一新兴的互联网金融市场提供指导。

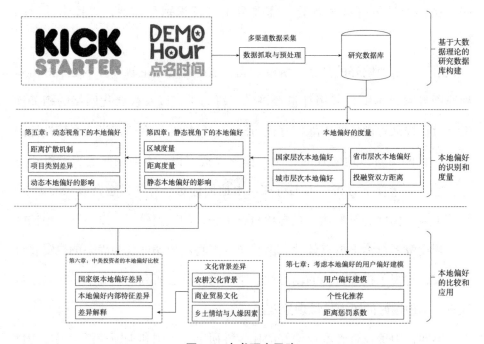

图1.1 本书研究思路

1.2.2 研究方法

本研究将引入数据挖掘和计量模型，搭建投资者本地偏好与众筹项目融资效果之间的桥梁。现有研究主要采用数理统计方法，虽能揭示现象，但对现象的本质解释存在不足。本书拟从众筹项目融资绩效出发，研究投资者的本地偏好对投资意愿的影响，并提出经济解释。依据投资者模型提供更精确的投资者偏好分析，得到投资者偏好模型并应用于个性化匹配。本书主要采用的研究方法如下。

1. 数据挖掘方法

数据挖掘一般是指从大量数据中通过算法搜索隐藏于其中的信息的过程。数据挖掘通常与计算机科学有关，并通过统计、在线分析处理、情报检索、机器学习、专家系统（依靠过去的经验法则）和模式识别等诸多方法来实现上述目标。数据挖掘理论为本书研究的开展提供了基础支持。本书拟采用数据挖掘方法识别和量化多层次的本地偏好，并进行归类。另外，将本地偏好作为其中一个预测变量构建模型，发现在预测模型中增加有关本地偏好的变量时，预测模型的预测效果能够显著提升，以此来判断本地偏好对项目融资绩效的预测能力。

2. 计量经济学方法

本书采用计量经济学方法：①确定本地偏好基本属性与投资意愿的相关性；②根据本地偏好基本属性，预测投资行为；③进行因子分析，在多层次本地偏好影响因素中，找出哪些因素重要、哪些因素次要，以及这些因素之间的关系。由于变量之间具有一定相关性，拟采用多元回归方法解决变量的相关性问题。

3. 投资者偏好建模方法

本地偏好展示了投资者的个性化偏好，这为构建更加准确的投资者偏好模型提供了数据支持。采用投资者偏好建模方法，能够实现更准确的投资者画像，为投资者的个性化匹配提供手段。

1.2.3 技术路线图

图 1.2 描述了本研究的总体技术线路，该技术线路涉及 5 类主要研究内容，6 类主要研究方法。

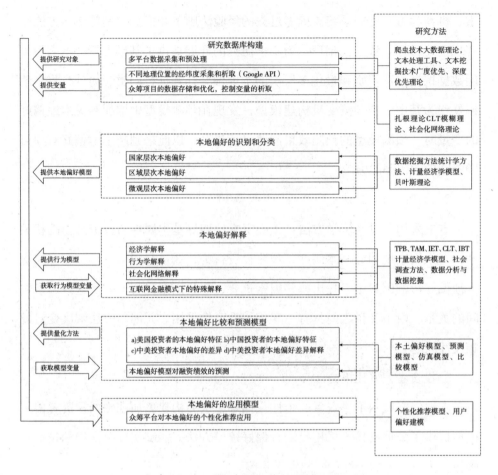

图1.2 本书拟采用的技术路线图

1.3 研究内容

1.3.1 本研究在众筹融资中的环节

本地偏好在投资者的投资行为中贯穿始终。古人云："一叶障目，不见泰山。"因此，清晰认识本研究在众筹融资研究领域中的环节对于宏观指导本书的研究方向、识别该领域的研究进展至关重要。此外，对众筹融资各环节的分析也是安排本书结构的重要依据。

　　图 1.3 展示了本书研究在众筹领域研究中的所处环节。融资者可以选择公开或隐藏其地理位置，地理位置因此成为研究数据的关键部分，并构成了本书研究的切入点。

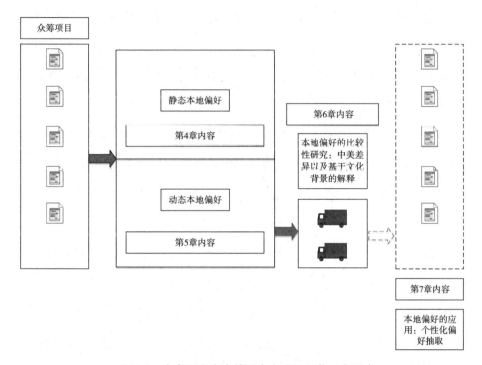

图1.3　本书研究在众筹融资中所处环节示意图

1.3.2　研究内容概述

　　全书共 8 章，第 1 章为引言。第 2 章至第 7 章为本书的主体部分。其中，第 2 章为理论基础与文献综述；第 3 章介绍研究框架、研究数据采集方法，以及数据概述和研究模型说明；第 4 章至第 7 章分步骤、分层次地探讨了本地偏好及其对众筹项目成功融资的影响和应用。第 8 章为研究总结与未来展望。各章节之间相互联系，构成一个完整的研究体系。详细的组织结构介绍如下。

第1章　导论。首先，介绍研究背景，分析研究意义，并据此提出拟解决的核心问题；其次，阐述研究思路及研究方法；再次，说明本研究在众筹融资中的定位及本书的研究内容；最后，归纳研究的创新之处。

第2章　基础理论与文献综述。对本书涉及的相关领域研究工作进行综述，主要包括心理偏好理论、本地偏好理论、本地偏好解释理论、众筹模式研究、本地偏好现象研究、本地偏好对经济影响的研究等。在总结研究现状的基础上，指出现有研究的不足，从而为本研究的必要性和重要性提供理论支持。

第3章　研究框架和研究数据。介绍众筹的背景信息、众筹项目的运作流程；提出总体研究框架；说明数据采集的流程，并对采用的数据进行简要分析；接下来提出计量模型以及投资者距离的计算方法，并展示统计分析结果。

第4章　在线众筹项目投资行为的静态本地偏好及其对融资效果的影响。本章从静态视角出发，试图回答以下问题：①投资者对众筹项目的投资行为是否存在静态本地偏好现象？众筹行为的本地偏好在国家、区域以及个体三个层次上是否存在差异？②若众筹行为具有静态本地偏好，其对众筹项目融资结果的影响是负面的还是正面的？③若众筹行为具有静态本地偏好，是什么因素导致了这种现象？其影响机理是什么？

第5章　在线众筹项目投资行为的动态本地偏好及其对融资效果的影响。本章从动态视角出发，试图回答以下问题：①众筹投资行为的本地偏好扩散机制是怎样的？不同项目类别的扩散机制是否存在差异？若存在差异，其具体表现是什么？②投资者本地偏好的扩散是否具有投资者依赖性？即本地偏好现象的扩散效应是由一部分极端投资者行为导致的，还是所有投资者的共同行为模式？③不同层次的本地偏好扩散机制是什么？有何差异？即国家级本地偏好、州（省）级本地偏好以及区域市场级本地偏好的扩散机制差异如何影响投资行为？④众筹投资行为的本地偏好扩散对众筹项目融资绩效的影响是什么？即如果一个众筹项目在融资初期的投资者就分散在广泛的地理位置上，是有利于还是不利于项目融资成功？本地偏好的扩散速度对众筹项目融资绩效有何影响？

第 6 章　本地偏好的比较性研究：中美差异以及基于文化背景的解释。本章主要从比较的角度进行讨论，试图探讨中国投资者与美国投资者的差异，具体包含以下问题：①中国投资者和美国投资者是否都存在本地偏好？②中国投资者和美国投资者的本地偏好有何不同？哪个国家的投资者更加开放？③在中国和美国投资者内部，是否存在本地偏好的非均衡性？即北京投资者与福建投资者，以及美国加州投资者与纽约投资者的本地偏好有何差异？为了回答中美投资者的差异问题，必须找到合适的在线投资数据。④从社会学、经济学、行为学视角对中美投资者本地偏好差异进行解释，并以乡土情结作为中国投资者特有的影响因素进行阐述。

第 7 章　本地偏好应用实验：个性化偏好建模。以 Kickstarter 为代表的众筹平台采用 All-or-Nothing 模式，融资成功率仅为 40%。失败的原因可能是项目质量问题，也可能是未找到合适的投资者。针对后一种情况，设计合理的个性化推荐系统能提高项目融资的成功率。为此，充分挖掘投资者和融资者的多维属性，以地理位置为切入点，结合协同过滤算法的优点，提出以下研究问题：①采用合适的算法进行投资者画像，在推荐系统中整合投资者之间的距离，加入距离惩罚因子；②在 Kickstarter 数据集上进行实验，验证基于本地偏好的个性化推荐算法的有效性，并比较算法之间的差异及可行的解决方案。

第 8 章　研究总结与未来展望。对本书的研究成果进行全面总结，并指出研究的不足以供未来改进。在此基础上，还对未来研究内容和应用进行展望。

总体上看，第4、5、6、7章之间存在递进关系，其研究对象均为本地偏好，从静态到动态、从一维到多维、从单一市场到多市场比较、从理论到应用进行了逐层拓展。通过这4章主体内容的研究，基本可以对众筹项目的本地偏好有一个全面的认识。

1.4 本书创新点

本书采用实证研究方法，对 Kickstarter 和点名时间平台上投资者的真实投资数据进行了分析和挖掘，从而扩展了个人偏好歧视理论和社会心理学的研究范畴，并丰富了对互联网金融投资行为的理解。本书的核心创新点归纳如下。

（1）扩展了个人偏好歧视理论在互联网融资背景下的阐释。个人偏好歧视理论（theory of taste for discrimination）源自1992年诺贝尔经济学奖得主加里·贝克尔（Gary S. Becker）的贝克尔歧视理论。该理论将歧视视为歧视者的一种偏好，即个体倾向于与某些特定团体、种族或性别的成员交往，认为歧视源于个人因素而非经济因素。作为一种社会现象，歧视与稳定的经济结构具有相容性。因为不遵从社会规则可能导致被驱逐出所在群体，而保持群体成员资格则能带来某种益处。当歧视性行为成为主流时，非歧视性行为则被视为违背社会规则。然而，目前对个人偏好歧视理论的研究主要集中在线下商务、人际关系、职场关系等领域，较少涉及互联网背景下的在线众筹领域。本书通过对众筹投资行为中的本地偏好进行分析，以确凿的证据证明了本地偏好的存在及其对融资绩效的影响。这一研究为个人偏好歧视理论在互联网金融背景下的解释和应用提供了新的场景和证据，证实了互联网融资背景下个人偏好歧视理论以本地资源偏好的形式展现出来，从而拓展了该理论在互联网融资背景下的解释力和应用范围。

（2）从社会心理学角度，完善了心理距离和空间距离理论对在线众筹项目投资行为的解释，并引入时间因素构建了动态空间距离对在线众筹影响的模型。心理距离（psychological distance）是社会心理学中的一个术语，它反映了个体对另一个体或群体的亲近、接纳或难以相处的主观感受程度，这种感受在感情、态度和行为上表现为疏密程度的不同。从物质存在形式来看，心理距离体现为时间距离和空间距离；从人文社会特征来看，则体现为社会距离和心理距离。在大众传播中，心理距离存在于融资者与投资者等多个方面，是构建传受关系的基础。融资者只有正确认识和把握心理距离，才能形成和谐的项目知识传播，实现理想的项目融资效果。在线众筹中，本书依据融资者与投资者之间的空间距离及其动态变化，探讨了隐藏在空间距离背后的心理距离，从多个角度解释了众筹项目投资行为中的本地偏好原因，并对本地偏好对融资绩效的影响进行了计量检测。这一研究在有限的已有文献中尚属罕见，它完善了心理距离理论在在线投资领域的应用，弥补了心理距离和空间距离理论在众筹项目中的理论研究空白。

（3）从社会学领域出发，比较了以美国为代表的海洋文明与中国农业文明对在线众筹项目投资行为的影响。通过两类文明下的横向对比，明确了贸易思维与农耕背景下投资者行为的差异，拓展了社会文化领域下乡土情结对我国在线众筹项目投资行为的应用和解释。中华文明的自然基础是河流，而西方文明的基础是海洋。这种不同的自然环境必然带来不同的生产形式和经济模式。以美国为代表的西方社会崇尚商业文明，不断通过贸易和扩张向外开拓和发展，因此商业文明下的经济更具有开放性和包容性。而以农业文明为基础的中国，个体深受农耕文化、乡土情结、血缘、姻缘、乡缘、地缘、人缘等因素的影响，很容易形成落叶归根、回报家乡的朴素乡土情结。然而，当前研究很少以这两种文明为背景横向比较在线众筹项目投资行为的差异，尚难以回答美国海洋文明与中国农业文明对众筹投资行为的影响。本书试图从社会学研究的角度弥补这一不足，并对文化情景及其影响进行理论延伸。

（4）探索了不同客体属性下主体偏好心理的差异来源及其对主体行为影响的差异。偏好心理是指消费者为满足个人一些特殊的兴趣爱好而形成的一种购买行为倾向，当购买到偏爱的商品时，个体内心会获得极大的满足。作为潜藏在人们内心的一种情感和倾向，偏好是非直观的，且引起偏好的感性因素多于理性因素。偏好具有明显的个体差异，并呈现出群体特征。在心理学中，偏好通常被定义为个人在决定喜欢某物件与否时的态度或判断。偏好可能会随着时间而改变，这些改变可以体现在选择过程中，这体现了偏好的动态性。而在线众筹项目投资行为也具有这种动态性，每一个阶段投资者接收的信息都不尽相同。目前，关于主体偏好心理研究的一个重要假设是客体属性是固定的。然而，在线众筹项目具有多种不同的属性，如项目类别包括科技类、时尚类、音乐类、影视类、教育类等。这些客体属性对主体偏好心理的形成具有不同的影响。因此，需要充分考虑客体属性差异对主体心理偏好的影响差异。这在当前的心理偏好研究中还很少进行比较，尤其是在线众筹领域。因此，关于投资者心理偏好的研究能够指导设计新一代的互联网众筹模式，充分考虑投资者的投资偏好和投资特点，提高互联网金融的融资能力和友好性。

第2章　理论基础与文献综述

本章旨在对本书研究内容所涉及的本地偏好概念及其解释、在线众筹项目投资行为中的本地偏好现象、本地偏好的影响以及众筹模式等现有研究进行文献归纳和述评。通过此过程，旨在夯实本研究的理论基础，揭示当前研究的不足之处，并为研究创新指明方向。

2.1　理论基础

2.1.1　心理偏好理论

心理偏好（psychological preference）是潜藏在人们内心深处的一种情感和倾向。偏好现象是经济行为研究的重要内容[①]。其中，性别偏好的研究最为广泛[②]。研究者发现性别偏好在商务、求职以及学术研究中发挥着重要作

---

① 潘煜，徐四华，方卓，等．金融风险决策中的主被动选择偏好研究——从情感体验的视角［J］．管理科学学报，2016，19（9）：1-17.

② BARASINSKA N, SCHÄFER D. *Is Crowdfunding Different? Evidence on the Relation between Gender and Funding Success from a German Peer-to Peer Lending Platform*［J］．*German Economic Review*, 2014, 15 (4): 436-452.

用，然而，关于如何克服人类社会的性别偏好，以及本地偏好在金融领域的影响，相关研究却较为匮乏。以管弦乐队的演奏人员选拔为例，在盲选过程中，女性音乐家被选中的数量显著多于非盲选，这表明至少在这类行业的求职过程中，性别偏好显著存在并发挥作用。当采用团队共同业绩来评估工作时，相较于单独评估个人工作业绩，更容易克服性别偏好。这一结论源自行为决策研究，即人们共同做出的选择往往更为合理，这与信息处理的行为模型相一致[①]。尽管对性别偏好已有一定的研究和解释，但相较于性别偏好，本地偏好的研究相对较少。

心理偏好通常是非直观的，且引起偏好的感性因素多于理性因素。偏好存在明显的个体差异，同时也呈现出群体特征[②]。在群体层面上，即表现为本书所研究的在线投资行为中本地偏好的群体化趋势，这种趋势是由投资者个体行为导致的。

在心理学中，偏好指个体对一组事物所表现出的态度。偏好在心理学中常被定义为个人对事物喜好的判断。偏好可能会随时间而转变，这些转变可以体现在选择过程中，既可能是无意识的，也可能是有意识地对特定资源的偏好变化。

关于心理偏好的形成，过去若干行为决策研究中的一个主要主题是：人们的偏好往往是在诱导过程中形成的。这一概念主要来源于理论研究，研究表明对投资者采用不同的激发方法往往会产生不同的系统性反应，即偏好是对外界刺激的反应，当外界刺激改变时，个体投资者的偏好也会相应发生变化。投资者的偏好首先与价值观相关，价值观如同体温一样存在，人们都能明确地感知和度量，但这种感知和度量可能带有偏见，而人们往

---

① BOHNET I, VAN GEEN A, BAZERMAN M. *When performance trumps gender bias: Joint vs. separate evaluation* ［J］. *Management Science*, 2015, 62 (5): 1225-1234.

② DRUCKMAN J N, LUPIA A. *Preference formation* ［J］. *Annual Review of Political Science*, 2000, 3 (1): 1-24.

往忽略或没有意识到这种偏见的存在。部分人群直接了解自己的偏好，就像他们知道体温的存在一样，但在决策时仍不可避免地受到偏好的影响，难以达到完全的理性①。尽管数百年来，哲学家、数学家、经济学家和统计学家一直在研究决策中的心理偏好，但在心理学领域，决策研究的历史相对较短。

心理偏好下的决策理论研究通常分为两种截然不同的解释：其一是无风险选择理论，该理论假设决策者：①完全了解可能的行动方案及其后果；②对不同方案之间的差异无限敏感；③完全理性，决策者能够对可能的选择进行排序，并做出决策，以使通常由效用代表的某种主观价值或福利最大化。其二是风险选择理论，其含义是决策者面对不确定性事件而做出的决定，效用最大化在风险选择理论中也起着关键作用，但由于所涉及的不确定性，通常采用最大化的期望效用值②。

有研究者认为，采用有限理性能更好地描述实际的决策行为，并对心理偏好进行有效的刻画。一个有限理性的决策者试图达到一些令人满意的决策，但这些决策不一定是最优的。这种决策理论强调的是决策的可接受性。有限理性原则强调了感知、认知和学习在决策中的作用，并揭示了决策问题、处理信息的心理偏好因素以及偏好过程。近年来，信息处理一直是决策实证研究的主流。现在，心理学家普遍认为效用最大化只提供了对决策过程的有限洞察力。特别是大量研究表明，偏好似乎非常不稳定，个体投资者对表达偏好的反应方式非常敏感。换言之，偏好方式的微小变化可能会带来巨大的投资者价值观和行为改变③。

在风险融资市场中，心理偏好理论同样存在并发挥作用。由于风险投资

①　SLOVIC P. *The construction of preference*［J］. *American Psychologist*, 1995, 50 (5): 364-371.

②　EDWARDS W. *The theory of decision making*［J］. *Psychological bulletin*, 1954, 51 (4): 380.

③　SIMON H A. *Rational choice and the structure of the environment*［J］. *Psychological review*, 1956, 63 (2): 129.

者和风险投资家之间存在信息不对称，道德风险问题不可避免，道德因素通过心理偏好产生影响。由于现实中的风险投资者和风险投资家都是有限理性的个体，其公平偏好心理在个体投资者中影响尤其强烈。通过设计有效的激励机制，可以满足投资者的公平偏好心理，从而制定易于为双方接受的风险融资契约[①]。

2.1.2 本地偏好理论

本地偏好，亦称地理效应（Effect of Geography），在心理学、经济学和金融学等领域已取得一定研究成果[②]。综观现有研究，多采用离线数据实证方法，如市场交易和风险投资等[③]，这些研究普遍证实了本地偏好在广泛范围内发挥作用。

对于研发型企业来说，研发活动可在任何地理区域进行，并能充分利用不同区域的人才和文化优势，例如微软设立亚洲研究院。然而，仍有相当一部分研发类企业，出于知识产权保护、爱国情绪、政府压力等因素，表现出对本地资源的偏好[④]。

关于欧元区的债务危机研究发现，本地偏好加剧了债务危机。2002—2014 年间，在特定国家基本面和预期冲击下，本地偏好对主权债务产生了正面反馈，但并无证据表明本地偏好在短期内会增加不稳定性。实证分析结果支持了程式化理论模型的预测，即主权债务危机的后果取决于国内最初的不

---

① 郑君君，许明媛.基于公平心理偏好的风险融资契约研究［J］.经济评论，2010，161（1）：14-18.

② FORMAN C, GOLDFARB A, GREENSTEIN S. *The Internet and local wages: A puzzle*［J］. *The American Economic Review*, 2012, 102 (1): 556-575.

③ 刘健，陈剑，廖文和，等.基于风险偏好差异性假设的动态决策过程研究［J］.管理科学学报，2016，19（4）：1-15.

④ BELDERBOS R, LETEN B, SUZUKI S. *How global is R&D? Firm-level determinants of home-country bias in R&D*［J］. *Journal of International Business Studies*, 2013, 44 (8): 765-786.

稳定震荡以及日益增强的本地偏好影响。分析表明，在主权债务压力下，日益增强的本地偏好尽管反映了财政状况的恶化，但降低了违约可能性^①。

目前，关于本地偏好的研究多集中在离线消费场景。随着电子商务的兴起，越来越多的研究者将研究对象转向在线交易。最早关于线上交易的研究指出，eBay 上的交易行为呈现出本地偏好。一种解释是，eBay 上的部分交易涉及线上售票业务，如在纽约举行的演唱会，很可能是纽约的商家向纽约附近的消费者售票，因此呈现出典型的地理位置趋同性。另一种可能的解释是，地理位置接近更有利于买卖双方订立交易合同^②。

2.1.3 本地偏好的解释理论

针对本地偏好现象，研究者提出了多种解释，但这些解释仍存在争议，甚至相互矛盾。归纳起来，主要有以下方向：一是经济学解释，即人的行为是理性的。经济学解释关注交易成本、物流成本、文化差异、信息获取成本以及临近地理位置带来的信息优势^③；二是行为学解释，即从情感纽带角度进行分析，通常将本地偏好归因于本地市场的过度优化^④。三是社会学解释，即将本地偏好归为心理因素，如文化相似性带来的投资者消费偏好的同质性^⑤。

① CORNAND C, GANDRÉ P, GIMET C. *Increase in home bias in the Eurozone debt crisis: the role of domestic shocks* [J]. *Economic Modelling*, 2016, 53 : 445-469.

② HORTAÇSU A, MARTÍNEZ-JEREZ F, DOUGLAS J. *The geography of trade in online transactions: Evidence from eBay and mercadolibre* [J]. *American Economic Journal: Microeconomics*, 2009, 1 (1): 53-74.

③ LAI S, TEO M. *Home-biased analysts in emerging markets* [J]. *Journal of Financial and Quantitative Analysis*, 2008, 43 (3): 685-716.

④ LAI S, TEO M. *Home-biased analysts in emerging markets* [J]. *Journal of Financial and Quantitative Analysis*, 2008, 43 (3): 685-716.

⑤ MCPHERSON M, SMITH-LOVIN L, COOK J M. *Birds of a feather: Homophily in social networks* [J]. *Annual review of sociology*, 2001, 27 (1): 415-444.

成本因素也是解释本地偏好现象的一种常见观点。多企业跨国研发已越来越普遍，企业对本地资源的偏好随着规模效应、范围经济、国际研发协调成本以及企业所在国创新系统的增强而递增。技术领先也与本地偏好有关，通常体现在母国提供较强的知识产权保护以及企业面对国外企业竞争时的潜在知识耗散[①]。

行为学解释较多聚焦于心理学。例如，有研究指出文化和爱国主义情绪影响本地偏好情结，进而影响债券投资组合。现有研究大多表明文化和爱国主义情绪会对股权的本地偏好产生实质性影响。有研究从两个方面展开对本地偏好的研究：国内偏好（过度投资国内债券）和国外偏好（对由不同发行国发行的债券投资不足）。有力证据表明，爱国主义阻碍了国外投资，同时导致国内债券投资过度。而由于本地偏好的作用，即使来自不确定性较高国家的投资者，在国外债券市场的投资也较少[②]。

尽管在线上和线下商务环境中，本地偏好的存在已得到普遍证实，但针对众筹这一新兴在线融资模式，尚无关于投资行为本地偏好的系统性研究，因此难以揭示投资者的行为偏好。以基于回报的众筹模式为例，项目融资者承诺以一定方式回报投资者，但众筹平台作为虚拟平台，融资者、投资者以及众筹平台之间并无面对面交易和协议，即使违约也很少追责。此外，鉴于众筹项目的大众参与性质，每个投资者只需投入少量资金，因此投资者与融资者签订直接协议并进行后续监管的动机较小[③]。在此背景下，较难直接推断本地偏好在众筹项目投资中的作用。

---

① BELDERBOS R, LETEN B, SUZUKI S. *How global is R&D? Firm-level determinants of home-country bias in R&D* [J]. *Journal of International Business Studies*, 2013, 44 (8): 765-786.

② PRADKHAN E. *Impact of culture and patriotism on home bias in bond portfolios* [J]. *Review of Managerial Science*, 2016, 10 (2): 265-301.

③ GUO L, GUO D, WANG W, et al. *Distance Diffusion of Home Bias for Crowdfunding Campaigns between Categories: Insights from Data Analytics* [J]. *Sustainability*, 2018, 10 (4): 1251.

2.1.4 众筹理论

对创业者而言，创业初期最棘手的问题之一是融资。市场调查表明，众筹市场规模将以每年约 30% 的增长率持续增长。在产品正式上市前，众筹可以帮助商家找到潜在客户，这不仅为初创企业提供了资金来源，还提供了未来潜在的消费群体，使正在开发中的品牌和产品能够获得早期资金支持。对消费者而言，可以在产品或品牌启动期内以较低价格获益，众筹为消费者对早期品牌的贡献提供了渠道，有助于初创企业推广产品[①]，众筹模式的经济意义重大。

"众筹"译自 Crowdfunding、Crowdfinancing 及 Crowdinvesting，起源于众包（Crowdsourcing）。众筹最朴素的定义是向大众筹集资金[②]，这一定义揭示了众筹的本质即大众参与。众筹是指从数量众多的投资者中融资，每个投资者只投入少量资金来支持融资者的活动[③]。当众筹环境受到限制时，其定义为：通过公开方式（如互联网），以一定回报或无偿捐赠的形式，以一定资金来支持融资者的活动[④]。众筹还被定义为：融资者向无数人请求并获得资金或其他资源以支持某个项目发展的过程，并向投资者提供金钱或非金钱作为

① BELLEFLAMME P, OMRANI N, PEITZ M. *The economics of crowdfunding platforms* [J]. *Information Economics and Policy*, 2015, 33 : 11-28.

② YOUNKIN P, KASHKOOLI K. *What problems does crowdfunding solve?* [J]. *California Management Review*, 2016, 58 (2): 20-43.

③ GLEASURE R, FELLER J. *Emerging technologies and the democratisation of financial services: A metatriangulation of crowdfunding research* [J]. *Information and Organization*, 2016, 26 (4): 101-115.

④ TOMCZAK A, BREM A. *A conceptualized investment model of crowdfunding* [J]. *Venture Capital*, 2013, 15 (4): 335-359.

回报的行为过程①。这一定义强调众筹不仅涉及筹资，还包括后期的项目实施与回报。另有定义为：融资者以公开方式向公众筹集资金，公众以无偿捐赠或收取回报的方式支持项目②。众筹这种融资方式历史悠久，已延伸到各个领域，并改变了许多行业的游戏规则，因此引起了政府的广泛关注。然而，对众筹模式的研究和应用仍存在诸多不足。

从已有研究文献来看，现有关于众筹的研究已经展开，但某些方面的内容仍极度缺乏讨论。其中最典型的缺乏讨论的领域即本书的研究主题：众筹投资的本地偏好。

2.2 本地偏好的经济和政策影响研究

2.2.1 本地偏好的经济影响

在经济和金融领域，关于本地偏好的研究已经取得了一些成果③。综观现有研究，多采用离线数据实证方法，主要聚焦于市场交易及风险投资等领域，这些研究普遍证实了本地偏好在广泛范围内发挥作用。本地偏好从经济、地缘政治、文化、消费习惯等多方面影响投资者行为，投资者倾向于投资那些与母国文化更相似的项目④。

① TOMCZAK A, BREM A. *A conceptualized investment model of crowdfunding* [J] . *Venture Capital*, 2013, 15 (4): 335-359.

② BELLEFLAMME P, LAMBERT T, SCHWIENBACHER A. *Crowdfunding: Tapping the right crowd* [J] . *Journal of Business Venturing*, 2014, 29 (5): 585-609.

③ FORMAN C, GOLDFARB A, GREENSTEIN S. *The Internet and local wages: A puzzle* [J] . *The American Economic Review*, 2012, 102 (1): 556-575.

④ FUCHS A, GEHRING K. *The home bias in sovereign ratings* [J] . *Journal of the European Economic Association*, 2017, 15 (6): 1386-1423.

已有研究试图挖掘酒店管理者对在线评论回复的经济价值，研究结果表明，酒店的平均客房收入随着对在线评论的有效管理而增加。此外，响应速度对于服务型酒店和高于平均水平的酒店尤其重要。对评论的有针对性回复，有助于提升旅行者的入住意愿，这对对价格敏感的旅行者尤其重要。该研究表明，对于不同的产品特征，管理者行为的货币化价值存在巨大差异[①]。因此，产品特征的不同方面对产品的经济影响存在巨大差异。中小型企业能够借助外部知识完成创新，但整合外部知识对企业来说是一个复杂的过程，需要同时考虑许多诱惑和陷阱。在这个过程中，投资者的本地偏好可能是难以预料的阻碍因素，创新过程需要尽可能从机制设计上克服本地偏好[②]。

金融一体化对经济增长具有巨大影响。本地偏好是证券交易所过度投资的一种趋势，被视为金融一体化的一种可能替代。国内偏好的持续存在反映了国际摩擦的存在。高度的国内偏好反映了股票市场与世界资本市场的不完美结合，并暗示经济增长步伐放慢。通过本地偏好自身的滞后性，本地偏好和实际 GDP 增长之间具有反向因果关系，表明国内偏好是导致跨国贸易变化的一个重要因素[③]。

有研究衡量了投资组合中的本地偏好程度对家庭持有证券的影响。对 20 个国家 2008—2013 年的数据研究表明，所有国家都在其投资组合中显示了较明显的本地偏好现象，即投资者更喜欢持有本国的债券。而在新兴市场和发达市场中，本地偏好对投资者的决策存在不同影响。其中，汇率波动对新

① XIE K, KWOK L, WANG W. *Monetizing Managerial Responses on TripAdvisor: Performance Implications Across Hotel Classes* [J]. *Cornell Hospitality Quarterly*, 2017, 58 (3): 240-252.

② NYLUND P A, ARIMANY-SERRAT N, FERRÀS-HERNÁNDEZ X, et al. *Home Bias in Innovation Ecosystems: Relying on Local Users for Knowledge* [M] //Borchers A. *Technology Management in Organizational and Societal Contexts, IGI Global*, 2018: 78-97.

③ LEE P-L, CHIN L, LAW SH, et al. *Do integrated economies grow faster? Evidence from domestic equity holdings* [J]. *Economics Bulletin*, 2017, 37 (4): 2905-2916.

兴市场具有显著意义，而对发达国家来说，本地偏好的影响则更大。以美国为例，距离、语言等是阻碍美国投资者在海外投资的主要因素[①]。因此，来自不同市场的投资者具有不同的本地偏好。

就国际贸易而言，一个重要的影响因素是本地偏好。本地偏好意味着每个国家在最终产品生产中使用国内中间产品。因此，一个国家的生产力冲击使该国最终产品的生产可能性超过国外最终产品。生产力和本地偏好的差异结合导致了经济差异，并且实际汇率会进行调整以反映这种差异[②]。

研究表明，大多数机构投资者对附近上市公司发行的股票表现出强烈的偏好（即本地偏好）。这种现象影响了企业的市场价值和资金成本，并且当地社区的共生关系增强了本地偏好。使用 1999—2011 年期间 2951 家意大利公司（其中 1481 家是家族企业）的年度观察数据集发现，本地资源偏好主要发生在创始人担任首席执行官的创始家族企业中，而不是一种普遍现象。在非家族企业或家族企业通过市场交易获得控制权的情况下，本地资源偏好不存在。总体而言，家族企业对当地社区的社会贡献可能具有机会主义特征和显著的经济影响[③]。

对以本地偏好为特征的小型开放经济中的最优货币政策研究发现，消费中的本地偏好是诱导开放经济的货币政策制定者偏离严格汇率稳定政策的充分条件[④]。而关于欧元区的债务危机研究发现，本地偏好凸显了对国内

① CHNIGUIR M, KEFI M K, HENCHIRI J E. *The Determinants of Home Bias in Stock Portfolio: An Emerging and Developed Markets Study* [J]. *International Journal of Economics and Financial Issues*, 2017, 7 (6): 182-191.

② TRETVOLL H. *Real exchange rate variability in a two-country business cycle model* [J]. *Review of Economic Dynamics*, 2018, 27 : 123-145.

③ BASCHIERI G, CAROSI A, MENGOLI S. *Family firm local involvement and the Local Home Bias phenomenon* [J]. *Long Range Planning*, 2017, 50 (1): 93-107.

④ FAIA E, MONACELLI T. *Optimal monetary policy in a small open economy with home bias* [J]. *Journal of Money, credit and Banking*, 2008, 40 (4): 721-750.

冲击的作用，加重了债务危机。对 2002 至 2014 年间欧元国家的主权债务以及对内部外部冲击的研究发现，本地偏好在特定国家的基本面和预期冲击中对主权债务显示出了正面反馈，但并无证据表明本地偏好在短期内会增加不稳定性。通过对数据的实证分析，结果支持程式化的理论模型预测，即主权债务危机的后果取决于国内最初的不稳定震荡以及日益增加的本地偏好影响。该分析表明，在主权债务压力下，日益增加的本地偏好反映了财政状况的日益恶化，但由于对本地资源的偏爱，反而可能会降低本地企业违约的可能性[①]。

对汇率变动与货币政策的福利效应研究发现，本地偏好是汇率超调的必要不充分条件[②]。货币政策的福利效应不仅取决于世界需求，还取决于汇率贬值的支出转换效应；如果个人对国内商品有强烈偏好，那么扩张性货币政策就是"以邻为壑"[③]。

本地偏好是国际资本市场的常见特征。有研究将国际投资组合选择纳入标准的两国一般均衡模型，这一新模式被称为开放经济金融宏观经济学，并从三个角度试图解释：无摩擦金融市场的套期保值动机（实际汇率和非贸易收入风险）；国际金融市场的资产交易成本（如交易成本或国家间税收待遇的差异）；信息摩擦和行为偏见。研究结论表明，新的投资组合需要超越股权本地偏好[④]。因此，从一定程度上来说，为了实现国际资本的顺利运作，有必要克服投资行为的本地偏好。

---

① CORNAND C, GANDRÉ P, GIMET C. *Increase in home bias in the Eurozone debt crisis: the role of domestic shocks* [J]. *Economic Modelling*, 2016, 53 : 445-469.

② DORNBUSCH R. *Expectations and exchange rate dynamics* [J]. *Journal of political Economy, 1976*, 84 (6): 1161-1176.

③ WARNOCK F E. *Exchange rate dynamics and the welfare effects of monetary policy in a two-country model with home-product bias* [J]. *Journal of International Money and Finance*, 2003, 22 (3): 343-363.

④ COEURDACIER N, REY H. *Home bias in open economy financial macroeconomics* [J]. *Journal of Economic Literature*, 2013, 51 (1): 63-115.

2.2.2 本地偏好对政策制定的影响

目前，基于成本视角的分析最为普遍。例如，多企业跨国联合研发日益普遍，其研发行为对本地资源的偏好受到规模经济、范围经济、国际研发协调成本以及企业所在国系统创新环境的影响。另外，针对 1995—2002 年间欧美企业本地偏好的研究发现，技术领先与本地偏好存在关联，通常体现在母国提供较强的知识产权保护，以及企业面临国外潜在的知识耗散风险①。

文化和爱国主义情结对股权的本地偏好具有实质性影响。有研究从两个方面展开：国内偏好（过度投资国内债券）和国外偏好（对不同发行国发行的债券投资不足）。该研究基于 2004—2012 年间的证券投资调查数据，结论显示，爱国主义阻碍了国外投资，同时导致国内债券投资过度。由于本地偏好的作用，那些来自不确定性水平更高地区的投资者，在国外债券市场的投资更少②。

研究表明，在许多情况下，本地分析师比非本地分析师能提供更准确的盈利预测，即距离较近的分析师可能更加了解企业状况。然而，对美国存托凭证（ADR 股票）的研究发现，ADR 股票完全不存在这种本地偏好，即外地分析师实际上优于本地分析师。通过对这种"本地不利因素"的来源进行调查，发现随着投资者对外国公司利益的增加，本地偏好的影响降低，这符

---

① BELDERBOS R, LETEN B, SUZUKI S. *How global is R&D? Firm-level determinants of home-country bias in R&D* [J]. *Journal of International Business Studies*, 2013, 44 (8): 765-786.

② PRADKHAN E. *Impact of culture and patriotism on home bias in bond portfolios* [J]. *Review of Managerial Science*, 2016, 10 (2): 265-301.

合非本地投资者利益假说①。

为了研究可能的本国偏好，有研究采用基于收益的方法，估算欧洲股票基金在国内市场的敞口，通过不同比例的国内外股票模拟投资组合来确认其影响。实证分析检查了以 15 个欧洲国家为基地的股票基金，以及这些国家投资的欧洲股票。研究表明，投资组合显示出明显的本地偏好。在控制特定于基金的基准或最终样本中所有基金的平均国家风险敞口时，这些结果都是可靠的。个人基金的本国偏好与优异业绩无关，但实际上导致较高的投资风险，与多元化程度不符②。

很多研究都在探讨如何通过合理措施降低个体的非理性偏好，以及客户偏好的负面效用。其中，有关克服种族偏见的讨论尤其引人关注。能否提高对种族偏见的认识，从而减少这种偏见是常见的研究主题。有研究试图利用媒体的广泛关注来解决这个问题，该研究依据职业篮球裁判在 2007 年 5 月发布的一篇以种族偏见为主题的报道，发现种族偏见在研究原始样本之后的几年中一直存在，但在媒体报道后，这种偏见减弱了。多种因素导致了这种积极结果，包括个别裁判员的自愿行为改变、运动员对新信息的调整以及由于机构压力而导致的裁判员行为改变。这些结果表明了一种新型的霍桑效应，即对偏见的更严格审查可以带来有意义的变化③。

有研究专注于原产地原则下的财政竞争，确定了消费者品位异质性的模式。在这种模式下，社会最优决策可以依据非合作纳什均衡产生。消费者偏好的特点是他们对外国商品的偏好。在每个税收辖区内，显示出本地偏好

① COMIRAN F, SIRIVIRIYAKUL S. *Analyst earnings forecast precision and local advantage: evidence from American depositary receipt firms* [J]. *Accounting & Finance*, 2019, 59 (S1): 481-510.

② MAIER M, SCHOLZ H. *A return-based approach to identify home bias of European equity funds* [J]. *The European Journal of Finance*, 2018, 24 (15): 1288-1310.

③ POPE D G, PRICE J, WOLFERS J. *Awareness reduces racial bias* [J]. *Management Science*, 2018, 64 (11): 4988-4995.

（喜欢以同等价格购买国内商品的消费者）与"进口偏好"（喜欢在国外购物的人）的消费者数量基本相等[1]，即大部分投资者既具有本地偏好，又具有对外国产品的偏好。

投资者倾向于将其大部分财富投入当地股票。在金融危机期间，本国偏好会增加。但是，对 45 个国家 / 地区的样本证明，在 2008 年的金融恐慌中，股权本地偏好有所下降。利用双边股票持有量数据，发现投资者积极调整了本地偏好。在整个国家范围内，本地偏好的变化与危机期间部分投资组合的重新平衡和信息不对称性的增加相一致[2]。这表明，对本地偏好的合理使用，能够在一定程度上规避金融风险。

理论上，关于商品市场中实际汇率波动套期保值是否影响外国股权持有量的经验研究存在争议。有研究发现，持有外国股票对冲实际汇率风险的动机微不足道，因为多个贸易伙伴充当了实际汇率波动的对冲渠道[3]。这实际上表明本地偏好不会对金融市场产生较大风险。

由于本地偏好导致过度消费本地产品，而削弱对距离较远产品的消费[4]，这实际上增加了对本地资源的依赖，增大了风险。因此，在许多政策制定的指导中，都在探索如何降低本地偏好对政策制定的影响。由于世界各地的公共采购往往严重偏向本地公司，尽管各地可能已同意在贸易协议中对政府采购施加约束，但这种偏见在许多国家一直存在。现有研究表明，相互谈判达成的市场准入承诺在诱使政府从外国供应商那里购买更多产品方面往往不是

---

[1] GAUTHIER S. *Efficient tax competition under the origin principle* [J]. *Journal of Public Economic Theory*, 2018, 20 (1): 85-99.

[2] WYNTER M M. *Why did the equity home bias fall during the financial panic of 2008?* [J]. *The World Economy*, 2019, 42 (5): 1343-1372.

[3] PYUN J H. *(Asymmetric) trade costs, real exchange rate hedging, and equity home bias in a multicountry model* [J]. *Review of International Economics*, 2018, 26 (2): 357-377.

[4] PRADKHAN E. *Impact of culture and patriotism on home bias in bond portfolios* [J]. *Review of Managerial Science*, 2016, 10 (2): 265-301.

很有效。证据表明，政策应减少通过贸易协定的特定市场准入互惠，而应更多地侧重于学习良好的采购惯例和原则、提高透明度和问责制，以及更广泛地推行有利于竞争的政策[①]，即通过政策减少本地偏好的影响。

2.3　在线众筹项目融资绩效研究

投资者的决策不仅受项目质量的影响，还受到融资者社会关系的影响[②]。现有研究主要集中在项目质量的甄别、融资者的个人能力，以及社会关系准则在众筹平台的作用[③]。表 2.1 归纳了基于回报的众筹模式的影响因素。

基于回报的众筹模式研究聚焦于融资者、投资者以及捐赠者的动机。部分投资者并不在意项目的实际回报，他们更关心投资能否带来心理上的满足感。这部分投资者通常是融资者的亲朋好友[④]，道德因素在其中也起着重要作用。项目对外传递的质量信号，如准备充分度、描述方式、其他投资者的态度、融资者的个人特质、信用以及社会关系等，都会影响融资成功率[⑤]。

①　HOEKMAN B. *Reducing Home Bias in Public Procurement: Trade Agreements and Good Governance* ［J］. *Global Governance*, 2018, 24 (2): 249-265.

②　刘海飞，许金涛，柏巍等. 社交网络、投资者关注与股价同步性［J］. 管理科学学报，2017，20（2）：53-62.

③　KUPPUSWAMY V, BAYUS B L. *Crowdfunding creative ideas: The dynamics of project backers in Kickstarter*［M］//Cumming D.*The economics of crowdfunding. Palgrave Macmillan, Cham,* 2018: 151-182.

④　AGRAWAL A, CATALINI C, GOLDFARB A. *Crowdfunding: Geography, social networks, and the timing of investment decisions*［J］. *Journal of Economics & Management Strategy*, 2015, 24 (2): 253-274.

⑤　吴江，刘弯弯. 什么样的评论更容易获得有用性投票——以亚马逊网站研究为例［J］. 现代图书情报技术，2017，1（9）：16-27.

表2.1 基于回报的众筹模式的影响因素

	正相关	负相关
融资方因素	融资者的准备充分度；口碑效应 融资者的性别；项目更新 承诺的回报激励机制；筹资者的准备充分度 筹资者的社会关系网络 筹资者之前参与的项目状况 项目更新数量；对自身信息的披露 筹资者支持其他人发起的项目历史 文本易读性；社会化推广	由于顾及知识产权，不能在项目描述中详细介绍项目 定价策略的错误使用 由于对项目知识产权的担心，不能在项目介绍中详尽地介绍项目 筹资者之前发起的项目筹资金额较少 筹资目标设置过高 缺少足够的项目更新信息
投资方因素	投资者之前受到融资者的支持，或者建立了某种关系 集群效应 投资者之前受到筹资者的支持，或者建立了某种关系 较近的地理位置；线下建立的社会关系 集群效应；社会化网络的影响	担心融资者滥用资金 担心项目不能履行承诺的回报 担心筹资者滥用资金 担心筹资者不能履行事先承诺的回报 缺乏足够的联系 投资疲惫
众筹平台因素	平台的推荐系统 U 型模式的前期和后期	U 型模式的中期

在股权众筹模式中，融资者承诺投资者，如果创业成功，将以一定的股权作为回报。这种模式也是 JOBS 法案重点保护的对象。由于股权众筹项目的特殊性，在项目运作之前，投资者很难全面了解项目，因此，投资者对项目的评价常常受到其他投资者行为的影响[1]。

项目启动前，融资者会咨询亲朋好友，他们也因此会成为项目早期的投资者。如果早期投资者并非这类人，则表明项目的质量及创始人的能力已经获得了广泛的认可，这对其他支持者的投资决策具有激励作用[2]。对于股权众筹模式，融资成功与否受诸多因素的影响，其中性别的影响尤为显

① 夏恩君，李森，赵轩维. 股权众筹投资者动机研究［J］. 科研管理，2017，38（12）：78-88.
② AGRAWAL A, CATALINI C, GOLDFARB A. *Some simple economics of crowdfunding*［J］. *Innovation Policy and the Economy*, 2014, 14 (1): 63-97.

著①。这既是因为女性管理的企业比例较小，也是因为女性对外部融资的认知所致。

信息不对称是阻碍投资的因素之一②。早期的借款者对市场风险并不完全了解，但随着时间的推移，学习成为减弱风险的有效方法。市场会倾向于排除次级债借贷者，并逐渐演化为专为传统信用人群服务的市场，即传统的线下信用市场逐渐向线上转移。

选择合适的众筹平台对成功融资至关重要。同时，众筹平台对项目的排序及推荐也会影响融资③。由于互联网信息过于丰富，投资者面临信息过载，因此更倾向于投资那些容易找到的项目。所以，出现在排序列表靠前位置的项目更容易获得融资。众筹平台对项目的推荐会显著影响融资成功率④。众筹平台通常会提示最新项目和即将结束的项目，这在一定程度上造成项目新上架或即将结束的一段时期成为投资的高峰期⑤。

在线融资绩效受到多方面因素的影响。项目支持者的参与度对项目融资绩效具有显著影响，融资者与在线投资者的积极沟通会促进投资者参与项目投资。投资者的参与意愿对于项目成功极其重要，借助在线推广也能够促进项目融资成功⑥。通过对众筹项目的动态属性研究表明，个人社交网络、项目质量、项目地理位置等都与融资绩效有关。从项目本身和融资者特征方面进

① CHAGANTI R, DECAROLIS D, DEEDS D. *Predictors of capital structure in small ventures* [J]. *Entrepreneurship Theory and Practice*, 1995, 20 (2): 7-18.

② 邱甲贤，聂富强，童牧，等. 第三方电子交易平台的双边市场特征——基于在线个人借贷市场的实证分析 [J]. 管理科学学报，2016，19（1），47-59.

③ 王伟，陈伟，祝效国，等. 众筹项目的个性化推荐：面向稀疏数据的二分图模型 [J]. 系统工程理论与实践，2017，37（4）：1011-1023.

④ 薛福亮，刘君玲. 基于用户间信任关系改进的协同过滤推荐方法 [J]. 现代图书情报技术，2017，1（7）：90-99.

⑤ MOLLICK E. *The dynamics of crowdfunding: An exploratory study* [J]. *Journal of Business Venturing*, 2014, 29 (1): 1-16.

⑥ KRAUS S, RICHTER C, BREM A, et al. *Strategies for reward-based crowdfunding campaigns* [J]. *Journal of Innovation & Knowledge*, 2016, 1 (1): 13-23.

行分析，主要影响因素包括项目描述、图片、视频以及融资者是否建立了社会关系等。融资者可以通过使用恰当的项目描述（文本、图像、视频）并增加在平台上的活跃度和曝光度来提升融资成功率[①]。

实证研究发现，对众筹绩效影响最显著的因素有支持者人数、投资金额和融资目标等，而融资目的、项目性质、回报内容、项目质量信号、投资额度设置等也对众筹项目融资绩效具有不同程度的影响[②]。在线众筹项目主要通过文本描述方式传递项目的质量信号，因此，文本描述的语言风格显著影响了融资绩效[③]。将文本语言风格分为诉诸可信、诉诸逻辑、诉诸情感、诉诸回报和诉诸事实五类后，研究表明，不同的语言风格适用于不同的项目类别[④]。

在线融资项目通过文本描述减弱信息不对称，因此，与项目信号有关的因素成为影响众筹项目融资绩效的关键因素[⑤]。融资者采取合适的融资策略能够极大程度地提升项目融资绩效，例如，融资者的社会关系网络、地理位置等因素。此外，有关众筹项目的投资偏好及其个性化推荐也是融资绩效的重要影响因素[⑥]。

基于众筹项目的统计特征，采用决策树、支持向量机等算法构建预测模

① KROMIDHA E, ROBSON P. *Social identity and signalling success factors in online crowdfunding* [J]. *Entrepreneurship & Regional Development*, 2016, 28 (9-10): 605-629.

② 陈莉玥，丁洁兰，刘细文.科研众筹项目的特征与影响力研究——基于 Experiment 平台的实证分析 [J].图书情报工作，2019，63（2）：120-131.

③ PARHANKANGAS A, RENKO M. *Linguistic style and crowdfunding success among social and commercial entrepreneurs* [J]. *Journal of Business Venturing*, 2017, 32 (2): 215-236.

④ 王伟，Chen W，Zhu K，等.众筹融资成功率与语言风格的说服性——基于 Kickstarter 的实证研究 [J].管理世界，2016（5）：81-98.

⑤ GAFNI H, MAROM D, SADE O. *Are the life and death of an early-stage venture indeed in the power of the tongue? Lessons from online crowdfunding pitches* [J]. *Strategic Entrepreneurship Journal*, 2019, 13 (1): 3-23.

⑥ 王伟，陈伟，祝效国，等.众筹项目的个性化推荐：面向稀疏数据的二分图模型 [J].系统工程理论与实践，2017，37（4）：1011-1023.

型，在项目正式上线前识别融资成功率，预测器的精度达到68%①。文本是影响众筹项目融资最重要的因素之一，因为融资者对项目信号的展示几乎都是通过文本描述来实现。有较多研究者通过文本语言特征分析在线融资项目的质量信号②。基于文本分析的框架，可以从文本描述中提取潜在语义，并且可以联合数值特征使用随机森林算法来预测项目的融资绩效③。有研究对多种算法进行对比，在考虑社交属性基础上，基于逻辑回归的预测模型精度为76.7%④。众筹项目的特征可以分为静态特征和动态特征，根据项目静态属性和动态属性，运用支持向量机对项目的参与投资人数进行预测，精度达到84%⑤。在考虑时间序列属性的基础上，使用K近邻算法和马尔可夫链对项目在筹资过程中进行分阶段预测，一定程度上解决了动态预测问题⑥。

从在线融资到风险投资的预测上，众筹作为企业家获得创新资本的一条相对容易的途径，充满了不确定性⑦。在基于回报的众筹中，潜在客户为新的未经验证的产品提供资金，创业者进行早期产品试验和市场验证，因此，可

① GREENBERG M D, PARDO B, HARIHARAN K, et al. *Crowdfunding support tools: predicting success & failure* ［C］//CHI'13 Extended Abstracts on Human Factors in Computing Systems, ACM, Year, 2013: 1815-1820.

② WANG W, ZHU K, WANG H, et al. *The Impact of Sentiment Orientations on Successful Crowdfunding Campaigns through Text Analytics* ［J］. *IET Software*, 2017, 11 (5): 229-238.

③ YUAN H, LAU R Y, XU W. *The determinants of crowdfunding success: A semantic text analytics approach* ［J］. *Decision Support Systems*, 2016, 91 : 67-76.

④ KAUR H, GERA J. *Effect of social media connectivity on success of crowdfunding campaigns* ［J］. *Procedia Computer Science*, 2017, 122 : 767-774.

⑤ AN J, QUERCIA D, CROWCROFT J. *Recommending investors for crowdfunding projects* ［C］// Proceedings of the 23rd international conference on World wide web, ACM, Year, 2014: 261-270.

⑥ ETTER V, GROSSGLAUSER M, THIRAN P. *Launch hard or go home! Predicting the success of Kickstarter campaigns* ［C］//Proceedings of the first ACM conference on Online Social Networks (COSN'13), ACM, Year, (CONF),2013: 177-182.

⑦ VISMARA S. *Sustainability in equity crowdfunding* ［J］. *Technological Forecasting and Social Change*, 2019, 141 : 98-106.

以向后续投资者提供质量信号。众筹与风险投资在总体和行业层面上存在长期关联。对 2012 至 2017 年间 Kickstarter 上的 77654 个项目和美国 3260 个风险投资项目进行对比的结果表明，成功的众筹活动会导致随后的风险投资增加，尤其是硬件和电子产品及时尚类项目。这些结果增强了对众筹与风险投资共同发展的理解，基于回报的众筹有助于风险投资者评估未来趋势，而不是将他们挤出市场[①]。

众筹项目中筹资者的好友关系可以显示融资者的信誉质量。更具体地说，社会关系网络可以增加融资成功率，降低借款利率和违约率。社会化网络的好友关系展现出了惊人的经济影响[②]，这对于自由金融市场及分散化的电子市场设计有积极影响。

项目推介渠道不畅是众筹失败的原因之一。将融资者的社会关系应用于众筹项目的社会化推荐有助于融资成功率的提高，但这种方法理论上有效，实践中却难以操作。社会关系来自两个方面，分别是融资者的社会关系和投资者的社会关系[③]。投资者行为具有集群效应，早期投资者的集群效应可以显示项目质量的信号，后来者能够节省判断项目质量的成本。这种集群行为实际上是个人在项目质量不确定条件下，降低风险的理性行为[④]。表 2.2 分别从融资者和投资者角度归纳了社会关系因素对众筹项目成功融资的影响。

---

① KAMINSKI J, HOPP C, TYKVOVÁ T. New technology assessment in entrepreneurial financing–Does crowdfunding predict venture capital investments? [J]. Technological Forecasting and Social Change, 2019, 139：287-302.

② 赵炎，王琦，郑向杰，等. 网络邻近性、地理邻近性对知识转移绩效的影响 [J]. 科研管理，2016，37（1）：128-136.

③ 王先甲，何奇龙，全吉. 基于复制动态的消费者众筹策略演化动态 [J]. 系统工程理论与实践，2017，37（11）：2812-2820.

④ 王念新，侯洁，葛世伦. 从众还是旁观？众筹市场中出资者行为的实证研究 [J]. 管理工程学报，2016，30（4）：124-134.

表2.2 社会关系因素对众筹项目成功融资的影响归纳

	正相关	负相关
融资方社会关系	社会化推荐 社会化网络上的好友数量（例如，Facebook） 投资者与融资者的互动	融资者不能吸引来自亲朋好友的资金支持 个人融资者比团队融资者更难融资成功，且团队成员越多，融资越容易成功
投资方社会关系	集群行为 知名投资者参与或大客户参与	早期投资行为不足 投资者与投资者或投资者与融资者缺乏交流

投融资双方的距离不容忽视。投资者无论身处何处均可参与投资，但大多数早期投资者来自距离融资者较近的地方。地理位置接近有利于收集项目及融资者的信息，也便于监控项目进度及提供必要的支持。尽管已经普遍证实了距离因素会影响投资者的投资行为，但这种位置效应同时受到项目的性质和投资者类型的影响[1]。表 2.3 归纳了地理位置因素对众筹项目成功融资的影响。

表2.3 地理位置因素对众筹项目成功融资的影响归纳

影响因素	影响方向
约31%的早期投资来自朋友和家人，这些人对融资者的品行和专业能力有较客观的评价，因此，投资者地理位置较近是对项目质量的肯定	正相关
对于线下的风险投资，投融资双方的平均距离仅为 70 英里；而 50% 的天使投资与目标企业的距离也在半天行程范围内，投资者偏好距离较近的项目	正相关
早期投资行为是对项目质量的肯定，对其他投资者（地理位置较远）具有激励作用	正相关
地理位置因素导致了对 Web 众筹平台不同的信息使用模式，非亲朋好友更倾向于使用搜索引擎检索项目，或依赖众筹平台的推荐功能。朋友和家人则不然，他们不受信息检索的驱动，这种行为模式在首次投资时尤为明显	正相关
由于项目性质的差异，投资者对不同项目类别的地理位置效应（本地偏好）存在显著差异，例如，投资者通常喜欢地理位置较近的食品类项目，而科技类项目则不受此影响	依项目性质而定

---

① GÜNTHER C, JOHAN S, SCHWEIZER D. *Is the crowd sensitive to distance?—How investment decisions differ by investor type* [J]. *Small Business Economics*, 2018, 50 (2): 289-305.

2.4 在线众筹项目投资行为本地偏好研究

2.4.1 在线投资的投资者行为研究

众筹是面向广大投资者进行融资的方式，每个投资者投入少量资金以支持项目发展[①]。其中，基于回报的众筹模式发展最为迅速。这种模式不以现金或股权作为回报，而是通过实物或虚拟物品对投资者表示感谢，回报方式包括向投资者邮寄产品实物或提供虚拟物品等[②]，这实质上是一种提前销售产品的策略。其典型代表是世界上最大的众筹平台 Kickstarter。该平台提供以下四类回馈方式：①实物复制品（如实物产品、DIY 套件）；②创新性的合作（如投资者成为漫画中的英雄或壁画的主角）；③创新性的体验（如参观电影片场、与剧组聚餐）；④创新性的纪念品（如加盖拍摄地邮戳的明信片、电影鸣谢名单）[③]。

投资者参与众筹的动机包括：①获取融资者承诺的回报；②获得成就感；③支持志同道合者；④融入社交圈；⑤出于乐趣。众筹行为具有集群效应，即投资者倾向于投资那些人气旺盛的项目。这种现象也被称为"轰动效应"（blockbuster effect），即人气高的项目会吸引其他项目的投资者[④]。集群效应普遍存在，但投资者对项目的了解程度各不相同，正所谓"内行看门道，

---

① GLEASURE R, FELLER J. *Emerging technologies and the democratisation of financial services: A metatriangulation of crowdfunding research* [J]. *Information and Organization*, 2016, 26 (4): 101-115.

② BELLEFLAMME P, LAMBERT T, SCHWIENBACHER A. *Crowdfunding: Tapping the right crowd* [J]. *Journal of Business Venturing*, 2014, 29 (5): 585-609.

③ KUPPUSWAMY V, BAYUS B L. *Does my contribution to your crowdfunding project matter?* [J]. *Journal of Business Venturing*, 2017, 32 (1): 72-89.

④ SKINNER S J. *Estimating the real growth effects of blockbuster art exhibits: A time series approach* [J]. *Journal of Cultural Economics*, 2006, 30 (2): 109-125.

外行看热闹"。若投资者集群行为非理性，则该集群会自我强化并淘汰一些非理性投资者；若集群行为理性，则投资者会对已有集群进行甄别 [1]。

研究表明，亲朋好友是项目初期的主要资金来源。阿格拉瓦尔与卡塔里尼（Agrawal and Catalini，2015）针对 SellaBand 平台，验证了朋友和家人投资的重要性，这一结论与其他社会关系研究相一致。成功的项目在筹资初期能够获得社交网络中好友的支持，这体现在 Facebook 好友数、Twitter 粉丝数等方面。莫里克（Mollick，2014）发现项目融资成功率与融资者在 Facebook 上的好友数显著正相关。众筹项目中的好友关系可以彰显筹资者的信誉质量，更具体地说，社会关系网络可以增加融资成功的概率，降低借款利率及违约率。社会化网络展现出了惊人的经济影响力，这种影响力对自由金融市场以及分散化的电子市场设计具有积极影响 [2]。

另一种影响来自其他投资者的行为。投资者行为具有集群效应，这在借贷模式众筹和无偿捐赠众筹中尤为显著 [3]。类似于在线社区的交流，只有当其他投资者在热议某话题时，投资者才会积极参与讨论。早期投资者的集群效应是项目质量的信号，后来者可以节省判断项目质量的成本。这种集群行为实际上是个人在项目质量不确定的条件下，降低风险的理性选择。对于基于回报的众筹模式，由于众筹平台提供的信息有限，投资者不能直接观测到集群效应，但可以根据融资进度判断项目质量。已筹得资金的比例越高，项目的质量越可靠，投资者的投资意愿越强烈 [4]。

---

[1]　ZHANG J, LIU P. *Rational herding in microloan markets* [J]. *Management science*, 2012, 58 (5): 892-912.

[2]　LIN M, PRABHALA N R, VISWANATHAN S. *Judging borrowers by the company they keep: friendship networks and information asymmetry in online peer-to-peer lending* [J]. *Management Science*, 2013, 59 (1): 17-35.

[3]　BURTCH G, GHOSE A, WATTAL S. *Cultural differences and geography as determinants of online pro-social lending* [J]. *MIS Quarterly*, 2014, 38 (3): 773-794.

[4]　KUPPUSWAMY V, BAYUS B L. *Does my contribution to your crowdfunding project matter?* [J]. *Journal of Business Venturing*, 2017, 32 (1): 72-89.

2.4.2 在线众筹项目投资行为中的本地偏好

一项关于在美国上市的外国公司和美国公司的公告研究发现，外国公司对公告的反应幅度比国内公司低 1.8%。信息和不熟悉性导致的成本差异引发了不同的市场反应。在面对外国资本市场责任（Capital Market Liability of Foreignness，简称 CMLOF）时，外国公司比国内公司更为重视。通过分析机构距离、信息成本、陌生成本和文化距离等方面，发现了确凿的证据表明美国投资者对外国和国内公司区别对待[①]。

除了线下市场具有显著的本地偏好外，在线投资市场中也存在显著的本地偏好。在线众筹项目投资行为中，投资者表现出显著的本地资源偏好，即投资者倾向于投资距离较近的项目，而排斥距离较远的项目。通过分析大型在线众筹市场的数据并采用准实验设计，发现在这种虚拟的金融产品市场（如网络借贷，P2P Lending）中仍然存在本地偏见。通过一系列检验，证明了理性解释不能完全解释这种行为，行为因素至少部分地驱动了这种现象。随着众筹成为越来越有吸引力的融资途径，深入了解本地偏见将对管理、实践和政策产生重要影响[②]。

通过研究外商直接投资（FDI）模式在欧盟的流动及其对贸易一体化的影响，以本地偏好来分析贸易行为。1995—2009 年的数据研究表明，在综合考虑市场规模、合作伙伴及其相对技术劳动力禀赋的情况下，流动性的外国直接投资似乎更符合知识资本混合模式[③]，即本地偏好并不强烈。这可能是因

① BANNISTER J, HO L C J, SONG X. *Equal opportunity market: Sources and remedies of home bias in US market reactions to restatement announcements*［J］. *Review of Accounting and Finance*, 2019, 18 (3): 508-531.

② LIN M, VISWANATHAN S. *Home bias in online investments: An empirical study of an online crowdfunding market*［J］. *Management Science*, 2015, 62 (5): 1393-1414.

③ ROMÁN M V, BENGOA M, SÁNCHEZ-ROBLES B. *Foreign direct investment, trade integration and the home bias: evidence from the European Union*［J］. *Empirical Economics*, 2016, 50 (1): 197-229.

为对于欧盟这种特殊情况，很难严格区分横向及垂直的外国直接投资。

海外投资者与风险投资地点之间的地理距离对股权众筹的投资具有显著影响。通过分析投资决策，发现地理距离与本国投资者的投资概率呈负相关。即对本国和海外投资者的比较表明，海外投资者对距离不敏感。然而，当仅比较本国投资者时，投资者类型对企业距离同样敏感[①]。这项研究的意义在于揭示了投资者身份和距离对投资行为的影响。

2.4.3　本地偏好对在线众筹项目投资行为的影响

现有研究多从静态角度分析本地偏好，实际上，在线众筹项目投资行为本身具有时间动态性。自然而然地，这种时间动态性导致了本地偏好的动态特征。然而，在有限的已有研究中，对这个问题的讨论较少。由于众筹活动的信息交流和投资通常是在线完成的，因此，在线众筹从理论上打破了空间限制。然而，投资者的行为仍然显示出明显的本地偏好。此外，从动态角度来看，融资期间的本地偏好动态变化反映了投资偏好的变化。随着融资的推进，投资者与创始人之间的距离从 3605 千米逐渐增加到 4229 千米，而本地偏好显示了不同类别之间的不同扩散模式。对于大多数活动，成功融资项目的投资者与融资者之间的距离总是大于失败融资项目。因此，距离的扩散会影响融资结果[②]。

但也应该看到，本地偏好对在线众筹项目投资行为的影响并非均衡，在不同项目类别中存在显著差异，这种类别间的差异在其他研究中也广泛存在并发挥作用，例如文本描述。对于某些类别，本地偏好在投资中没有发挥积极作用，甚至产生负面影响，其中食品和科技是两个极端类别。而在其他一

---

① GÜNTHER C, JOHAN S, SCHWEIZER D. *Is the crowd sensitive to distance?—How investment decisions differ by investor type*［J］. *Small Business Economics*, 2018, 50 (2): 289-305.

② GUO L, GUO D, WANG W, et al. *Distance Diffusion of Home Bias for Crowdfunding Campaigns between Categories: Insights from Data Analytics*［J］. *Sustainability*, 2018, 10 (4): 1251.

些项目中，本地偏好则发挥了显著影响，例如戏剧类项目 [①]。

行政或政治边界通常限制了跨境贸易。在国家和国家以下各级，本地偏好已得到充分证实。为了梳理本地偏好背后的宏观因素（如位置特征）和微观因素（如企业特征），有研究使用了越南的中小型企业（SME）数据。通过多项式 logit 模型发现，中小企业在本国市场之外的销售比例与企业规模、年龄、商业协会会员数量以及中小企业最重要供应商的距离呈正相关。相反，中小企业向邻近省份的销售比例与最终消费的中小企业生产份额呈负相关。除了企业层面的摩擦外，市场特征也很重要。中小企业在本国市场中向客户销售的比例与本国或邻近省份的治理质量呈负相关，而在邻省中向客户的销售比例与这些地区的治理质量呈正相关。这表明，良好的治理可以释放中小企业资源，使其能够向不太熟悉的市场销售产品 [②]，即适当的企业行为能够打破投资者的本地偏好。

2.5 研究评述

无论是线下交易活动还是线上交易，大量研究均表明本地偏好在这些活动中存在并发挥着重要作用。特别是在线上研究中，尽管众多研究和实践已证明互联网打破了沟通、财务、谈判等方面的距离限制，使得交易双方可以远距离进行交易。在众筹这种基于 Web 的商业模式下，投资者与融资者基本不进行线下交流，由于每个投资者只投入少量资金支持众筹项目，因此投资者通常不会与融资者面对面达成交易。即便出现违约，由于投入资金较少，

---

① GUO L, GUO D, WANG W, et al. *Distance Diffusion of Home Bias for Crowdfunding Campaigns between Categories: Insights from Data Analytics* [J]. *Sustainability*, 2018, 10 (4): 1251.

② CO C Y, NGUYEN T K, TRAN Q N, et al. *Subnational home market bias in Vietnam: Evidence from enterprise-level data* [J]. *The World Economy*, 2019, 42 (11): 3319-3349.

后期追责的可能性也不大。在这种情况下，众筹项目投资者理应不会表现出显著的本地偏好。然而，一些前期研究却证实了本地偏好在互联网金融中的存在[①]，这表明即使在互联网环境下，众筹模式也难以打破本地偏好的影响。

对众筹项目的研究发现，投资者与融资者存在距离趋近趋势，尤其是众筹项目的亲朋好友是项目初期的主要资金来源[②]。众筹项目中的好友关系可以彰显筹资者的信誉质量，更具体地说，社会关系网络可以增加融资成功的概率[③]、降低借款利率以及减少借款违约率。简而言之，由于众筹项目的参与者（尤其是前期参与者）大多是融资者的朋友或家人，因此他们之间的距离较近。随着后期其他投资者的加入，投融双方的距离逐渐增加。但是，目前尚无研究对这种距离的扩散趋势进行探讨。如果将时间因素纳入模型进行研究，可以揭示本地偏好在投资者中是如何扩散的，即从融资初期到融资末期，投融双方的距离是如何变化的。

此外，现有研究较多从心理学和行为角度进行探讨，而从经济学角度的研究相对较少。具体而言，尚无研究试图探讨本地偏好在众筹投资行为中的经济价值，更无研究讨论本地偏好的扩散趋势对众筹项目融资的影响。例如，距离扩散较快是否更有利于众筹项目融资成功？静态的本地偏好不考虑时间的变化，而动态的本地偏好则考虑随着时间推移投资者的行为模式的变化，动态本地偏好能更深刻地刻画投资者的行为变化。本书试图从经济学角度衡量本地偏好及动态本地偏好对众筹项目融资的经济价值，以及其对经济活动的影响。深入挖掘本地偏好的经济价值，对互联网金融的健康发展具有重要意义。表 2.4 归纳了与本书研究相关的主要研究文献。

[①]　LIN M, VISWANATHAN S. *Home bias in online investments: An empirical study of an online crowdfunding market* ［J］. *Management Science*, 2015, 62 (5): 1393-1414.

[②]　AGRAWAL A, CATALINI C, GOLDFARB A. *Crowdfunding: Geography, social networks, and the timing of investment decisions* ［J］. *Journal of Economics & Management Strategy*, 2015, 24 (2): 253-274.

[③]　ZHENG H, XU B, WANG T, et al. *Project Implementation Success in Reward-Based Crowdfunding: An Empirical Study* ［J］. *International Journal of Electronic Commerce*, 2017, 21 (3): 424-448.

表2.4　与本书研究有关的主要研究文献归纳和评述

作者	年份	主要研究结论	研究评述
博内特和吉恩等 （Bohnet and Geen et al.）	2015	人在做政策时遣免不了偏好；群体决策一定程度上减轻了性别偏好	研究对象是性别偏好而非本地偏好；缺少对性别偏好产生原因的深入分析
马丁内斯-桑和罗曼 （Martinez and Roman）	2016	国外投资与贸易一体化呈显著正相关，在一定程度上否定了本地偏好	欧盟这种特殊情况，不可能严格区分横向及垂直的国外直接投资
科纳德和冈德尔等 （Comand and Gandre et al.）	2015	本地偏好使违约可能性降低	从经济上分析，没有从投资者行为上进行分析
林和维斯瓦纳坦 （Lin and Viswanathan）	2015	证实了在 P2P 借贷市场本地偏好的存在；从经济学上对 P2P 借贷市场的本地偏好进行了解释	研究的对象存在差异，该研究结论没有在众筹领域得到验证；缺少从社会关系网络上的分析；缺少对投资者距离上的度量
普拉德汗 （Pradkhan）	2014	文化和爱国主义情绪作用于本地偏好情结，影响了债券投资组合	从心理学上进行的分析，角度不够全面；研究的领域存在差异
林和普拉巴拉等 （Lin and Prabhala et al.）	2013	同时从经济学理性（Rational）和行为学情感（Emotional）两个方面解释了本地偏好现象	缺少了社会化网络对众筹投资行为的本地偏好的影响
贝尔德伯斯和莱恩等 （Belderbos and Leten et al.）	2013	企业行为中存在本地偏好	针对企业层面的研究，而不是对个人投资者的行为进行分析
贝尔德伯斯和莱恩等 （Belderbos and Leten et al.）	2013	技术领先与本地偏好有关	研究对象是 1995—2002 年欧洲、美国及日本企业的本地偏好行为，没有涉及众筹投资行为
霍达斯库和马丁内斯-赫雷斯等 （Hortacsu and Martinez-Jerez et al.）	2009	证明了在线市场中本地偏好的存在，认为在线市场的本地偏好对在线市场本地偏好的解释，认为在线市场的本地偏好是因为离线交易过渡到在线市场导致的	eBay 上的售票业务与众筹项目的投资行为有本质上的不同，众筹投资行为对消费群体的划分几乎不涉及地理位置
莱和泰奥 （Lai Teo）	2008	本地偏好的原因归纳为本地市场的过度优化	研究的对象存在差异，该研究结论没有在众筹领域得到验证
麦弗逊和史密斯-洛文等 （McPherson and Smith-Lovin et al.）	2001	心理学上分析，文化的相似性带来的投资消费偏好的同质性，因而产生本地偏好	研究的对象存在差异，该研究结论没有在众筹领域得到验证

可以看到，在众筹这一商业模式下，关于众筹投资行为的本地偏好研究并不多。在理论上，随着互联网金融的爆发式增长，本地偏好对投资意愿的影响研究可以丰富互联网金融投资者行为的价值发现体系[①]。在实践中，不少融资者已经意识到本地偏好对项目成功融资的重要性，但能提供实践指导的研究结论并不充分。由于众筹模式出现较晚，发展时间不长，纵观现有研究成果，难以对融资者的实际操作提供完善的理论指导。现有成果还存在以下不足。

（1）针对众筹项目投资行为的本地偏好研究处于起步阶段

以基于回报的众筹模式为例，筹资者承诺以一定回报答谢投资者[②]。然而，众筹平台具有虚拟性，投融双方及众筹平台都没有面对面交易和达成协议，这不利于违约追责。另外，由于大众参与的本质，每个投资者只需投入少量资金，因此与筹资者签订直接协议并进行监管的动机很小。所以，本地偏好对众筹项目的影响不那么明显。但是，最近的研究表明 P2P 借贷市场确实存在本地偏好现象[③]，然而关于众筹模式本地偏好的研究成果仍然极度缺乏。

（2）针对众筹模式本地偏好的多层次检测尚存不足

互联网金融作为一类崭新的金融模式，本地偏好在国家层次、区域层次、个人层次及社会化网络层次发挥着不同程度的作用。这些不同层次的本地偏好代表了投资者对项目感知的多层次性，并引导投资行为[④]。然而，目前

---

① BASCHIERI G, CAROSI A, MENGOLI S. *Family firm local involvement and the Local Home Bias phenomenon* ［J］. *Long Range Planning*, 2017, 50 (1): 93-107.

② BI S, LIU Z, USMAN K. *The influence of online information on investing decisions of reward-based crowdfunding* ［J］. *Journal of Business Research*, 2017, 71: 10-18.

③ LIN M, VISWANATHAN S. *Home bias in online investments: An empirical study of an online crowdfunding market* ［J］. *Management Science*, 2015, 62 (5): 1393-1414.

④ 王伟，郭丽环，祝效国，等. 融资者个人因素以及社会关系对食品类众筹项目的影响研究 ［J］. 经济评论，2017（4）：118-130.

还没有研究对这些不同层次的本地偏好进行检测。

（3）关于众筹融资绩效的研究，通常将可直接量化的项目属性作为变量，较难使用本地偏好对项目融资效果进行系统性解释

众筹项目既包含可直接量化的属性，也包含不可直接量化的属性。前者如融资目标、项目类别等，后者则包括本地偏好、投资模式和个性化等因素[1]。现有研究大多将可直接量化的属性作为模型变量，而未考虑不可直接量化的属性，因此无法全面考察本地偏好对投资行为的影响。在极度缺乏本地偏好现象研究的背后，其实是缺乏对众筹投资行为本地偏好的理论解释。理论的匮乏导致实践指导的缺乏。

（4）一些研究采用社会化网络作为本地偏好的解释，忽视了本地偏好的其他因素

已有研究指出社会化网络对投资者参与成功融资的重要性[2]，这是因为相当多的投资者与筹资者在线下已经建立了联系，这种关系自然延伸到在线众筹项目中，从而体现了社会化网络的效用。但是，本地偏好与社会化网络的交叉效应却被忽视，这将导致只能从局部对本地偏好进行解释，而无法从全局分析本地偏好的影响机理。因此，现有理论解释需要进一步完善。

（5）对不同市场之间的横向比较较少

已有研究广泛证实了本地偏好的存在并发挥作用，但是缺少对不同市场之间的比较。例如，目前研究尚难以回答中国投资者与美国投资者在本地偏好上的差异和相似之处。事实上，中国和美国代表了两类不同的文化背景：中国深受农耕文化的影响，具有较强的乡土情结；而美国的商业氛围更加浓厚，更具开放性。中美两国投资者的本地偏好展示了文化背景对投资者行为

---

[1] KROMIDHA E, ROBSON P. *Social identity and signalling success factors in online crowdfunding* [J]. *Entrepreneurship & Regional Development*, 2016, 28 (9-10): 605-629.

[2] AGRAWAL A, CATALINI C, GOLDFARB A. *Crowdfunding: Geography, social networks, and the timing of investment decisions* [J]. *Journal of Economics & Management Strategy*, 2015, 24 (2): 253-274.

的影响。

（6）对本地偏好的应用探索尚需深入

尽管很多研究已经证实了本地偏好的存在，但是很少有研究试图将本地偏好与实际应用结合起来。因此，大多数相关研究还停留在理论探索阶段。本书一方面在理论上试图揭示本地偏好现象及其影响机理；另一方面，试图通过本地偏好更准确地抽取投资者偏好模型，并以此为基础构建更符合需要的在线众筹项目个性化推荐系统，以提升众筹项目推荐的成功率。

第3章 研究框架和研究数据

对创业者而言，创业初期最棘手的问题之一是融资。常规的融资方式包括银行贷款、风险投资和天使投资等。然而，对于个人创业者来说，这些方式往往并不合适，原因如下：①银行、风险投资和天使投资等机构会按照严格的审查流程对创业者进行审查，而个人创业者通常缺乏经验和人脉，因此不易获得这些投资机构的青睐；②机构投资金额通常较大，而个人创业者往往不需要如此巨额的资金；③投资机构的审查过程严格且周期长，这可能导致创业者错失转瞬即逝的市场机会；④相较于庞大的创业者数量，风险投资公司的数量显得太少。事实上，只有不到3%的创业公司获得过天使投资。特别是自2008年金融危机以来，天使投资的数量明显减少，创业者更倾向于从在线社区寻找投资者①。市场调查表明，近年来，众筹市场规模一直保持强劲增长，吸引了大量参与者②。

---

① TOMCZAK A, BREM A. *A conceptualized investment model of crowdfunding* [J]. *Venture Capital*, 2013, 15 (4): 335-359.

② KANG M, KANG M, GAO Y, et al. *Understanding the determinants of funders' investment intentions on crowdfunding platforms: A trust-based perspective* [J]. *Industrial Management & Data Systems*, 2016, 116 (8): 1800-1819.

3.1　研究定义

众筹是指从数量众多的投资者中融资，每个投资者只投资少量资金，以支持融资者的活动。这种融资方式历史悠久，并已延伸到各个领域。例如，音乐家莫扎特和贝多芬曾为了谱写新的音乐作品而向赞助者筹集资金；修建自由女神像的资金则来自法国和美国公民的捐助[①]。在公共设施领域，研究显示，通过众筹让全民参与基础设施的投资，有助于增加社会福利而不会损害公共利益[②]。众筹这一商业模式正在改变许多行业的游戏规则。

在传统的线下交易中，本地偏好是一个常见现象，投资者行为呈现出地理位置上的趋同性，而非扩散到更广泛的范围。关于本地偏好的研究可以追溯到 20 世纪末。学者们认为，在市场结构分析、政策制定及社会福利提供等方面，都应考虑本地偏好[③]。然而，在互联网环境下，尤其是在线金融领域，关于投资者行为本地偏好的研究仍处于起步阶段，本地偏好在打破地理位置限制方面的作用更是鲜有涉及。

在区域交易中，一个国家内部的交易往往比国家之间的交易更为普遍；而在一个国家内部的交易中，交易行为倾向于在一定区域内部发生，而非跨越该区域[④]。此外，本地偏好在金融领域也普遍存在，即风险投资者更倾

---

① COLOMBO M G, FRANZONI C, ROSSI-LAMASTRA C. *Internal social capital and the attraction of early contributions in crowdfunding* [J]. *Entrepreneurship Theory and Practice*, 2015, 39 (1): 75-100.

② DAVIES R. *Three provocations for civic crowdfunding* [J]. *Information, Communication & Society*, 2015, 18 (3): 342-355.

③ PORTER M E. *Competitive advantage, agglomeration economies, and regional policy* [J]. *International Regional Science Review*, 1996, 19 (1-2): 85-90.

④ HILLBERRY R, HUMMELS D. *Intranational home bias: Some explanations* [J]. *Review of Economics and Statistics*, 2003, 85 (4): 1089-1092.

向于投资距离较近的企业 ①。学者们指出，6 个国际宏观经济学谜题中，有 2 个与本地偏好有关 ②。针对这种现象，有学者从经济学和行为科学方面进行了解释，认为在决策过程中，本地偏好是一种次优决策，通常会导致市场不经济 ③。

以往的研究主要集中在线下市场，而对于线上市场来说，电子商务打破了交易双方的空间局限，理应不会呈现本地偏好，因为电子商务涉及的物流、信息流和资金流等都会随着信息技术的发展而消除隔阂。以中国物流业为例，江浙沪之间的物流已经可以实现快速无差异到达；而信息流和资金流更是可以实现无差别服务，不受地理位置的限制。然而，仍有研究显示，电子商务市场交易双方更多地来自相同的区域。对此的解释是：即使在虚拟市场中，地理位置的差异也会导致物流成本的差异。另外，在区域性事件上，投资者更倾向于面对面达成交易协议（如购买演唱会门票）④。

然而，已有研究难以系统性地解释本地偏好对在线众筹的影响。例如，在众筹平台上，资金流是通过在线转账实现的，不涉及地理位置的隔阂；信息流对所有投资者均是透明的，也不存在地理位置的差异；对于邮寄实物的众筹项目来说，尽管存在邮费高低的区别，但邮费通常由融资方支付而非投资者支付。因此，投资者行为理应不受地理位置的影响，即本地偏好不会对

① DZIUDA W, MONDRIA J. *Asymmetric Information, Portfolio Managers, and Home Bias* [J]. *Review of Financial Studies*, 2010, 25 (393): 2109-2154.

② OBSTFELD M, ROGOFF K. *The six major puzzles in international macroeconomics: is there a common cause?* [J]. *NBER Macroeconomics Annual*, 2000(15): 339-390.

③ LEWIS K K. *Trying to explain home bias in equities and consumption* [J]. *Journal of Economic Literature*, 1999, 37 (2): 571-608.

④ HORTAÇSU A, MARTÍNEZ-JEREZ F, DOUGLAS J. *The geography of trade in online transactions: Evidence from eBay and mercadolibre* [J]. *American Economic Journal: Microeconomics*, 2009, 1 (1): 53-74.

众筹投资行为产生影响。然而，初步研究发现众筹投资行为中也呈现出显著的对本地资源的偏好。针对这一现象和问题，缺乏相关的理论解释，也无法回答本地偏好对众筹项目融资的影响。为此，本书将对基于回报的众筹展开实证研究，验证 Kickstarter 和中国的点名时间平台上的投资行为存在本地偏好现象，并比较在不同项目类别、不同的分析层次以及不同国家和地区中呈现的差异，探究导致众筹行为本地偏好的机理。

在 Kickstarter 页面上，投融资双方都可以选择公开地理位置信息（也可以选择隐藏地理位置），这类地理位置信息构成了本书研究众筹项目本地偏好的主要数据来源。众筹项目上线融资的一般步骤是：①融资者创建项目，并在这个阶段设置地理位置；②融资者发布项目，项目正式上线融资，并在这个阶段进行一些项目更新，传递项目的最新进展；③投资者查看项目并决定是否参与投资，在这个阶段的投资者可以选择隐藏自身地理位置；④项目融资结束后，如果项目融资成功，融资者拿到资金并实施项目；反之，则融资失败并退回资金。

但必须注意的是，一些投资者由于个人隐私原因或其他原因，并不愿意在网页中展示自身的地理位置。因此，可以据此分析展示地理位置的投资者与不展示地理位置的投资者在融资模式、投资模式上的差异。同时，在数据分析阶段也需要处理这类隐藏地理位置的投资者。

3.2 研究框架说明

如图 3.1 所示，本研究按照以下框架展开：①首先进行大规模的数据采集，构建研究所需的大数据集。由于原始数据仅公布了项目和投资者的地理位置名称，需将这些地理位置转换为经纬度以便后续计算。在地理位置与经纬度的转换过程中，笔者花费了大量时间，因为几乎所有的地图接口都有明确的查询次数限制。通过优化算法和使用收费 API 接口，耗时约 3 个月，完成了所有数据的采集工作；②数据采集完成后，还需要进行大量的数据清理、预处理和数据转化等操作。数据预处理的质量对后续研究结论具有极大影响；③进行静态本地偏好的研究，即在不考虑时间因素的前提下，检测在线众筹投资行为中的本地偏好现象；④进行动态本地偏好的检测和研究，考虑时间因素的影响，分析在线投资者的动态本地偏好，以及本地偏好的距离扩散趋势；⑤开展中美投资者本地偏好的比较性研究，采用中国点名时间平台的投资者数据和美国 Kickstarter 平台的投资者数据，比较两者本地偏好的差异，并从文化背景、农耕文化、乡土情结等视角分析其原因；⑥进行本地偏好的应用实验。由于本地偏好能够更准确地估计投资者的行为，因此可以用于投资者偏好建模，以更准确地预测投资者行为。以个性化推荐为例，将本地偏好作为切入点，完善协同过滤算法，提升个性化推荐性能，为提高众筹项目的融资成功率提供一种方案；⑦结论与展望。依据前面若干章节的内容，对研究结论进行总结，并展望未来的研究方向。

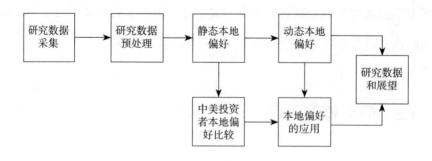

图3.1　研究框架说明

3.3　研究数据

3.3.1　数据采集

国外的实验数据来自世界最大的众筹平台——美国的 Kickstarter；而中国投资者数据则来自点名时间。鉴于二者的相似性，本章中主要以 Kickstarter 数据为主。选择 Kickstarter 的原因如下：① Kickstarter 是世界上规模最大、最有影响力的基于回报的众筹网站，选择 Kickstarter 意味着研究数据来源具有广泛认可性，便于其他研究者重复该研究；② Kickstarter 提供的数据足以支持本书开展本地偏好的研究。本地偏好的研究需要获取融资者和投资者的地理位置，这在其他众筹平台中很少提供如此完整的数据；③ Kickstarter 的数据集可以用于支持本地偏好的动态研究，因为 Kickstarter 提供了投资者参与投资的时间和先后顺序，可以用于分析本地偏好的扩散过程；④ Kickstarter 提供了较完整的投资者行为数据，可以用于本地偏好的应用研究，例如，采用本地偏好改进协同过滤算法。

Kickstarter 对匿名投资者公开，但访客只能查看筹资成功及正在筹资的项目，而不能查看筹资失败的项目。然而，Kickstarter 不会删除任何项目，只是筹资失败且过期的项目不能再被搜索引擎检索，但项目 URL 仍然有效。因此，可以从投资者支持列表中抓取投资者所有支持过的历史项目，这为所有项目的采集提供了思路。

数据采集的流程如下：首先从项目列表出发，采集每个项目的支持者列表，构建初始投资者列表数据。然后从该初始投资者列表出发，采集并记录每个投资者支持的项目。由于初始投资者列表上的投资者数量有限，在采集到的投资者支持项目列表中提取所有未采集过的项目重新加入项目列表，如此循环，直到所有的项目和投资者都被采集到。

值得特别说明的是：在采集项目内容和投资者信息时，重点记录了项目的地理位置和投资者的地理位置，以方便后续分析。由于 Kickstarter 上显示的是项目和投资者的位置信息名称，后续需要将这些位置信息转化为经纬度用于计算。

采集得到的原始数据全部保存在 MySQL 数据库中，并在 MySQL 数据库中进行初步的清洗、预处理等操作。图 3.2 为 MySQL 数据库的一张截图，该截图展示了数据库中存储项目地理位置的一个例子。

project_locat	project_locat	project_locat	project_locat	profile_locati	profile_locati	profile_locati	profile_locati	project_binar	is_
East Walpole	East Walpole	MA	USA	Walpole, MA	Walpole	MA	USA	0	
San Francisco	San Francisco	CA	USA	San Francisco	San Francisco	CA	USA	1	
Austin, TX	Austin	TX	USA	Austin, TX	Austin	TX	USA	1	
Portland, OR	Portland	OR	USA	Portland, OR	Portland	OR	USA	1	
Worcester, M	Worcester	MA	USA	Worcester, M	Worcester	MA	USA	1	
Los Angeles,	Los Angeles	CA	USA	Venice, Los A	Los Angeles	CA	USA	1	
Los Angeles,	Los Angeles	CA	USA	Los Angeles,	Los Angeles	CA	USA	0	
Seattle, WA	Seattle	WA	USA	Seattle, WA	Seattle	WA	USA	1	
Portland, OR	Portland	OR	USA	Portland, OR	Portland	OR	USA	1	
Los Angeles,	Los Angeles	CA	USA	Los Angeles,	Los Angeles	CA	USA	1	
San Francisco	San Francisco	CA	USA	San Francisco	San Francisco	CA	USA	1	
New York, N'	New York	NY	USA	New York, N'	New York	NY	USA	1	
Chicago, IL	Chicago	IL	USA	Chicago, IL	Chicago	IL	USA	1	
San Francisco	San Francisco	CA	USA	San Francisco	San Francisco	CA	USA	1	
Austin, TX	Austin	TX	USA	Austin, TX	Austin	TX	USA	1	
Portland, OR	Portland	OR	USA	New York, N'	New York	NY	USA	1	
Boston, MA	Boston	MA	USA	Easthampton	Easthampton	MA	USA	0	
Seattle, WA	Seattle	WA	USA	Seattle, WA	Seattle	WA	USA	1	
Los Angeles,	Los Angeles	CA	USA	Los Angeles,	Los Angeles	CA	USA	1	
San Diego, C.	San Diego	CA	USA	San Diego, C.	San Diego	CA	USA	1	
Shelton, CT	Shelton	CT	USA	Shelton, CT	Shelton	CT	USA	1	
Minneapolis,	Minneapolis	MN	USA	Los Angeles,	Los Angeles	CA	USA	1	
Las Vegas, N'	Las Vegas	NV	USA	Las Vegas, N'	Las Vegas	NV	USA	1	
San Francisco	San Francisco	CA	USA	Boulder, CO	Boulder	CO	USA	1	
Huntington E	Huntington E	CA	USA	Huntington E	Huntington E	CA	USA	1	
Portland, OR	Portland	OR	USA	Portland, OR	Portland	OR	USA	1	
Mcminnville,	Mcminnville	OR	USA	Mcminnville,	Mcminnville	OR	USA	1	
Brooklyn, NY	Brooklyn	NY	USA	Brooklyn, NY	Brooklyn	NY	USA	1	
Chicago, IL	Chicago	IL	USA	Chicago, IL	Chicago	IL	USA	1	
San Francisco	San Francisco	CA	USA	San Francisco	San Francisco	CA	USA	1	
Chicago, IL	Chicago	IL	USA	Chicago, IL	Chicago	IL	USA	1	
London, UK	London	UK	UK	Hurghada, E	Hurghada	Egypt	Egypt	1	

图3.2 MySQL存储数据示意图

3.3.2 数据汇总

表 3.1 展示了本书研究的数据汇总结果。在所有项目中，影视和音乐类项目占比较大；融资成功率最高的是舞蹈、戏剧及音乐类项目；时尚类项目最不容易融资成功。具体来说，舞蹈类的融资成功率最高，达到 73.84%；而时尚类的成功率最低，仅为 34.77%。所有项目的平均融资成功率约为48.49%，这与之前研究采集到的数据样本基本一致[①]。从融资目标来看，科技类项目最高，平均达到 58519.93 美元；而手工艺品类项目最低，平均仅为5316.83 美元。从实际筹资的金额来看，科技类项目最高，达到 37504.03 美元；手工艺品类项目最低，筹得 2626.00 美元。所有项目的平均筹资时长均在 33 ～ 37 天之间。在项目投资人数上，游戏类项目最多，艺术类项目最少，这表明在互联网上关注游戏的人数多于关注艺术的人数。然而，艺术类项目的融资成功率却远高于游戏类项目。

表3.1 数据分类汇总

项目类别	数量	比例（%）	平均目标（美元）	投资人数（人）	实际筹资（美元）	融资进度（%）	成功项目	筹资成功率（%）
艺术	10965	8.05	20466.67	51	3533.75	204.48	5894	53.75
漫画	3995	2.93	8583.20	156	7337.16	287.36	2101	52.59
手工品	1170	0.86	5316.83	49	2626.00	152.02	526	44.96
舞蹈	1854	1.36	5623.66	50	3678.75	110.00	1369	73.84
设计	7900	5.80	24948.62	292	23135.55	203.55	3254	41.19
时尚	5462	4.01	12861.86	94	6802.46	211.50	1899	34.77

① KUPPUSWAMY V, BAYUS B L. *Does my contribution to your crowdfunding project matter?* [J]. *Journal of Business Venturing*, 2017, 32 (1): 72-89.

续表

项目类别	数量	比例（％）	平均目标（美元）	投资人数（人）	实际筹资（美元）	融资进度（％）	成功项目	筹资成功率（％）
影视	31979	23.47	32336.32	85	6962.71	150.45	14645	45.80
食品	6137	4.50	17945.84	96	7827.61	176.45	2584	42.11
游戏	9926	7.29	37809.45	478	25296.71	1041.18	3842	38.71
新闻业	879	0.65	37660.54	82	4674.01	63.25	373	42.43
音乐	26855	19.71	9044.09	67	4318.43	121.96	16583	61.75
摄影	4037	2.96	10405.18	49	3475.19	67.78	1676	41.52
出版业	14581	10.70	9473.44	45	3524.34	241.95	5566	38.17
科技	4645	3.41	58519.93	360	37504.03	168.95	1720	37.03
戏剧	5849	4.29	11207.05	55	4343.29	88.31	4027	68.85
合计	136234	100	302202.68	2009	145039.99		66059	

图 3.3 展示了项目融资成功率的趋势，可以看到在样本的时间周期中，总体融资成功率基本保持稳定，均在 50% 左右。这表明样本数据没有受到其他显著因素的影响，融资成功率没有异常波动，因此具有研究价值。

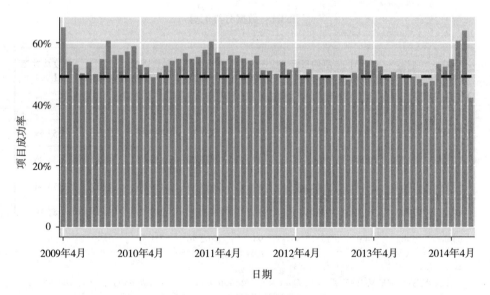

图3.3　项目融资成功率动态趋势

3.3.3　距离计算说明

在 Kickstarter 页面上，投融资双方都可以选择公开地理位置（也可以选择隐藏地理位置）。可以得到类似"San Diego, CA"的位置信息，然后调用 Google 地图 API（Geocoding API）查询得到投资者所在地址的经纬度，例如，"San Diego, CA"的经纬度分别为 32.7157380 和 -117.1610840。得到投融资双方的经纬度后，笔者采用球体模型计算任意两点的直线距离。

采用投融双方的直线距离，而不是路面距离进行计算。距离计算如公式（3.1）和公式（3.2）所示，设第 1 点 A 的经纬度为（$LngA, LatA$），第 2 点 B 的经纬度为（$LngB, LatB$），按照 0 度经线为基准进行计算。

$$c=sin(LatA)\times sin(LatB)\times cos(LonA-LonB)+cos(LatA)\times cos(LatB)$$

$$（3.1）$$

$$Distance=Arccos(c)\times R\times Pi/180 \qquad （3.2）$$

其中，$Distance()$ 函数代表反余弦函数，R 表示地球半径，取 R 值为 6371.004 千米，计算结果 $Distance()$ 也以千米为单位。

3.4　统计性分析

图 3.4 展示了投资者数量统计结果，呈现了显著的长尾分布，只有极少的项目没有投资者参与投资。投资者数量在 20 ~ 150 人的项目占据相当大的比例，而真正具有极高投资者数量的项目并不多。值得注意的是，平均投资者数量为 123 人。

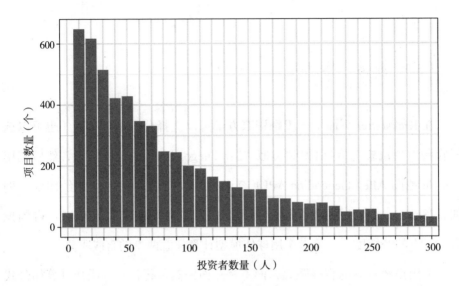

图3.4 投资者数量统计

图 3.5 展示了融资金额统计结果，该图的整体趋势与投资者数量统计一致，即项目融资金额整体上也呈现长尾分布。只有极少数项目能够获得很高的融资金额，大多数众筹项目融资的资金都在 3 万美元以下。

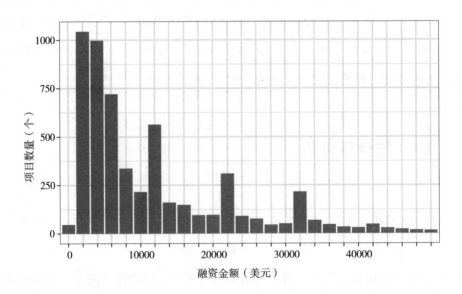

图3.5 融资金额统计

3.5　本章小结

　　本章主要介绍了众筹这一在线融资模式的背景、本书采用的研究框架、研究数据及其统计性分析的结果。众筹是所有在线融资模式中最具代表性的模式，并且最近几年发展最快。在本书的研究框架中，首先对数据进行了预处理和统计性描述。然后对本书研究所采用的数据进行了详细的说明和描述。本书没有采用常见的调查问卷方式来搜集数据，而是采用了真实的数据来分析投资者行为。因为真实的数据更能代表投资者的真实态度，这可以避免调查问卷在搜集投资者主观态度上存在的不足。

第4章 在线众筹项目投资行为的
静态本地偏好及其对融资效果的影响

众所周知，互联网的出现和发展打破了线下交易的空间限制，因此，理论上不应呈现显著的本地偏好现象。然而，已有研究表明，在线市场中也存在明显的本地偏好现象。在众筹平台中，本地偏好普遍存在，并对在线众筹项目投资行为和融资效果产生重要影响。

4.1 静态本地偏好研究问题和假设

4.1.1 研究问题

众筹是面向广大投资者进行融资的一种方式，每个投资者投入少量资金以支持项目发展，众筹在各行各业均有应用[①]。其中，基于回报的众筹模式发展最为迅速。该模式不以现金或股权回报投资者，而是以实物或虚拟物品对

---

① 冯博，叶绮文，陈冬宇. P2P网络借贷研究进展及中国问题研究展望[J]. 管理科学学报，2017，20（4）：113-126.

投资者表示感谢。本地偏好在经济、金融等领域已取得一些研究成果。纵观这些成果，较多采用离线数据实证研究方法，证实了本地偏好在较广范围内产生影响①。学者发现，距离因素会对交易行为（主要是离线交易）和早期投资行为产生影响，这种影响部分归因于信用问题，尤其是在那些缺少监管信息披露及监督缺位的情况下②。此外，距离也意味着交易成本，尤其是在较为敏感的早期投资阶段，如识别机会成本、进行尽职调查、职务履行调查及进度监控等③。其核心观点是：距离越近，成本越低。

总结现有关于静态本地偏好的研究，至少在以下方面存在不足：①在相似的研究中，学者分析了 P2P 借贷市场的本地偏好现象④，但 P2P 借贷与基于回报的众筹模式的本地偏好行为模式存在显著差异。P2P 主要是以投资理财获取收益为主，而众筹则主要偏重于项目及产品；P2P 借贷面向的是有资金需求的企业和个人，主要目的是大众投资理财，而众筹虽然也有这方面的作用，但主要是以融资者的身份号召大众参与投资，承诺的回报（包括实物回报和虚拟回报）是投资者参与投资的主要动力。尽管二者都存在风险，但在投资期望、参与动因、回报方式等方面均存在较大差异⑤。目前，尚无基于回报的众筹项目的本地偏好探讨，因此在研究对象上存在不足；②在一些特殊的行业中，已普遍证实本地偏好的存在并发挥作用，但这些行业通常具有一些特殊性，不具有普遍性。例如，已有研究证实了在 Sellaband 上的众筹项

① WU W-L, GAU Y-F. *Home bias in portfolio choices: social learning among partially informed agents* [J]. *Review of Quantitative Finance and Accounting*, 2017, 48 (2): 527-556.

② BENNANI H, NEUENKIRCH M. *The (home) bias of European central bankers: new evidence based on speeches* [J]. *Applied Economics*, 2017, 49 (11): 1114-1131.

③ SEASHOLES M S, ZHU N. *Individual investors and local bias* [J]. *The Journal of Finance*, 2010, 65 (5): 1987-2010.

④ LIN M, VISWANATHAN S. *Home bias in online investments: An empirical study of an online crowdfunding market* [J]. *Management Science*, 2015, 62 (5): 1393-1414.

⑤ 杨立，赵翠翠，陈晓红. 基于社交网络的 P2P 借贷信用风险缓释机制研究 [J]. 中国管理科学，2018（1）：47-56.

目投资行为具有显著的本地偏好①。然而，Sellaband 是荷兰的网站，其上融资的众筹项目都是音乐类项目，音乐类项目具有特殊性。如果是世界知名的音乐家，他们的名气往往不受地理位置的限制，容易获得来自世界各地的投资者的支持。但有名气的音乐家一般都有专业的商业公司包装运作，不需要在众筹网站上直接面对广大投资者进行融资。因此，真正在 Sellaband 上进行融资的融资者往往名气不够大，他们的知名度只限于一定范围内，所以这些项目的投资者也通常局限在一定的范围内，从而在地理位置上呈现出显著的本地偏好。但显然，这种本地偏好不能代表其他项目类别的本质，如科技类项目，这类项目受融资者名气的影响要小得多；③已有研究较多证明了本地偏好的存在，这类研究一般是从行为学的角度开展，但很多研究忽略了本地偏好的经济意义，即投资者的这种行为偏好是有利于众筹项目成功融资，还是不利于众筹项目的成功融资？鉴于已有研究的不足，本章提出以下研究问题。

（1）投资者对众筹项目的投资行为是否存在本地偏好现象？众筹行为的本地偏好在国家、区域以及个体三个层次上是否存在差异？

（2）如果众筹行为具有本地偏好，那么本地偏好对众筹项目融资结果的影响是负面的还是正面的？

（3）如果众筹行为具有本地偏好，是什么因素导致了这种现象？其影响机理是什么？

（4）在不同项目类别中，本地偏好对融资结果的影响有何不同？换言之，除了在总体数据层次上研究本地偏好的经济效用外，还需要区分不同项目类别下本地偏好的经济效用差异。

---

① AGRAWAL A, CATALINI C, GOLDFARB A. *Crowdfunding: Geography, social networks, and the timing of investment decisions* [J]. *Journal of Economics & Management Strategy*, 2015, 24 (2): 253-274.

4.1.2　研究假设

人类行为展现出多种偏好，其中本地偏好是众多偏好类型中的一种，其他广受探讨的偏好还包括性别偏好和学历偏好等。针对性别偏好的研究表明，性别偏好广泛存在于商务、政府职位以及学术研究等多个领域。以管弦乐队的演奏人员选拔为例，通过盲选方式选中的女性音乐家数量显著多于非盲选方式，这在一定程度上揭示了性别偏好的存在。另有研究指出，采用团队共同业绩来评估工作，相较于单独评估个人工作业绩，更容易克服性别偏好；即人们在共同决策时往往比单独决策更为合理，这与信息处理的行为模型相契合[1]。尽管对性别偏好已有一定的研究和解释，但相比之下，对本地偏好的研究显得更为复杂。

关于本地偏好的早期研究主要聚焦于离线消费场景。随着电子商务的兴起，研究对象逐渐转向线上交易。有研究揭示，eBay 上的交易行为呈现出本地偏好现象。其解释为，eBay 上的部分交易涉及线上票务，如在纽约举行的演唱会，票务往往由纽约当地的商家卖给纽约附近的买家，因此呈现出地理位置的一致性。这一现象隐含的逻辑是，地理位置的接近更有利于买卖双方面对面订立交易合同[2]。

在 P2P 借贷领域，有研究者指出了投资者对本地项目的偏好[3]，但该研究

① BOHNET I, BAZERMAN M H, VAN GEEN A. *When Performance Trumps Gender Bias: Joint Versus Separate Evaluation*［J］. *Scholarly Articles*, 2012, 62 : 1225-1234.

② HORTAÇSU A, MARTÍNEZ-JEREZ F, DOUGLAS J. *The geography of trade in online transactions: Evidence from eBay and mercadolibre*［J］. *American Economic Journal: Microeconomics*, 2009, 1 (1): 53-74.

③ LIN M, VISWANATHAN S. *Home bias in online investments: An empirical study of an online crowdfunding market*［J］. *Management Science*, 2015, 62 (5): 1393-1414.

并未探讨在线众筹项目中的本地偏好问题。然而，在一些行业中，如音乐融资行业，已证明本地偏好的存在及其影响[①]。在线下的风险投资领域，投资者也倾向于投资距离较近的项目。基于此，提出以下假设：

假设 4.1：在线众筹项目投资行为中存在本地偏好现象。

人类对事物的认识具有层次性[②]，即人们总是基于观察到的信息做出决策，随着信息的积累和不断深化，决策的深度和经验也日益丰富。这种对事物认知的层次性在多个领域中均有所体现。以学术论文的阅读为例，经验丰富的读者通常会优先选择阅读论文的题目和摘要，只有当题目和摘要吸引其兴趣时，才会继续阅读论文的其他内容。鉴于摘要的重要性，若摘要包含不基于事实论据的误导性推测，则可能给读者带来困惑和误解[③]。

这种认知的层次性对个体行为具有深远影响，并在经济领域中形成不同的效应。在做复杂决策时，决策者往往受到多方面因素的影响。对于决策者而言，有必要辨别哪些因素是重要的，并估算每个因素对决策的影响程度。对于一般人来说，虽然难以得到这种重要程度的具体数字，但可以获得因素之间相对重要性的比较结果，这体现了认知的层次性原则。基于这种思路，学者们开发了各种方法来分析、模拟、计算这种层次结构，例如层次分析法（AHP）就是体现这种思维的一种分析方法[④]。

在线众筹项目的地理位置信息具有典型的层次性，如 "Los Angeles, CA, USA" 既展示了国家，又展示了州和城市。根据认知的层次理论，投资者会

① AGRAWAL A, CATALINI C, GOLDFARB A. *Crowdfunding: Geography, social networks, and the timing of investment decisions*［J］. *Journal of Economics & Management Strategy*, 2015, 24 (2): 253-274.

② CAMERER C F, HO T-H, CHONG J-K. *A cognitive hierarchy model of games*［J］. *The Quarterly Journal of Economics*, 2004, 119 (3): 861-898.

③ OHTANI B. *Preparing articles on photocatalysis—beyond the illusions, misconceptions, and speculation*［J］. *Chemistry Letters*, 2008, 37 (3): 216-229.

④ SAATY T L. *Decision making with the analytic hierarchy process*［J］. *International Journal of Services Sciences*, 2008, 1 (1): 83-98.

首先观察项目是否处于自己感兴趣的国家，然后再分析项目是否位于自己感兴趣的州或城市中。这种认知模式导致对本地项目形成不同的偏好和行为模式。因此，提出如下假设：

假设 4.2：在线众筹项目投资行为呈现出不同层次的本地偏好，即投资者对国家级、州省级、城市级的项目展现出不同的投资偏好模式。

普遍认为，投资决策受到客观市场因素的影响，如行业利润、创业成本、资本设备、收入分配和体制因素等。以凯恩斯为代表的经济学家认为，投资决策同样受到主观因素的影响，如资本边际效率的预期、流动性偏好和冒险精神等。相对而言，后者更好地解释了一些非理性经济行为。若不存在后者的影响，那么决策者面对相同的客观市场环境，将会做出完全一致的决策。然而，现实中很难出现这样的情况，这表明了主观因素在投资决策中的重要性，主观因素是导致决策差异的原因之一。同样，众筹行为在很大程度上也由投资者的主观因素所决定。由于项目初期的投资者通常是融资者的同事或家人，因此早期的在线众筹项目投资行为在一定程度上存在地理位置的趋同性，这在 P2P 借贷中尤为明显[1]。

投资者的主观因素之一是其与融资者之间的地理距离。这种地理距离不仅指同一国家、同一州省或同一城市内的距离，也指投资者与融资者之间的物理距离和心理距离。物理距离最能反映投资者的本地偏好，也是衡量本地偏好经济价值的最直接标准。因为物理距离越近，表示投资者与融资者在地理位置、文化、生活习惯、语言习惯等方面越相似；反之，则表明双方差异较大[2]。因此，在传统的线下投资中，投资者倾向于投资距离较近的项目。统计数据显示，对于线下的风险投资，投融资双方的平均距离仅为 70 英里；而

---

①　LIN M, VISWANATHAN S. *Home bias in online investments: An empirical study of an online crowdfunding market* [J]. *Management Science*, 2015, 62 (5): 1393-1414.

②　KANG L, JIANG Q, TAN C-H. *Remarkable advocates: An investigation of geographic distance and social capital for crowdfunding* [J]. *Information & Management*, 2017, 54 (3): 336-348.

50% 的天使投资与目标企业的距离也在半天行程范围内 ①。投资者偏好投资距离较近的项目。

从心理层面看，物理距离会导致心理距离的变化。心理距离是指自我与其他人、地点或时间点之间的重叠程度，其中物理距离不可避免地会影响人们的思想和感情 ②。因此，当融资者与投资者之间的物理距离越远，其心理距离也会增大，投资者就越不愿意投资这样的项目。据此，提出如下假设：

假设 4.3：从投资者与融资者之间的距离分析，由于本地偏好的存在，投资者与融资者之间的距离越近，投资者越愿意投资该项目。

本地偏好具有多种影响。例如，对于研发型企业而言，研发工作可以在任何地理区域完成，且地理位置分散的企业能更好地利用不同区域的人才和文化优势，如微软设立亚洲研究院。尽管如此，仍有一部分研发型企业表现出对本地资源的偏好。

有学者通过本地偏好来研究外商直接投资（FDI）对欧盟流动和贸易一体化的影响。该研究没有采用常用的关税及非关税壁垒等指标，而是通过本地偏好来分析贸易偏好。对 1995—2009 年的数据研究发现，国家的贸易一体化与国外直接投资活动呈显著正相关。对于欧盟这种特殊情况，无法严格区分横向及垂直的国外直接投资。在考虑合作伙伴的市场规模及其相关技术劳动力的相对禀赋后，国外直接投资流动似乎更符合知识资本的混合模式，因此更受欢迎。

而对欧元区债务危机的研究发现，对本地资源的偏好凸显了国内冲击的作用，并加重了债务危机。对 2002 年至 2014 年间欧元国家主权债务的内部和外部冲击的研究发现，本地偏好对主权债务在特定国家的基本面和预期冲击中显

① WONG A, BHATIA M, FREEMAN Z. *Angel finance: the other venture capital* [J]. *Strategic Change*, 2009, 18 (7-8): 221-230.

② WILLIAMS L E, BARGH J A. *Keeping one's distance: The influence of spatial distance cues on affect and evaluation* [J]. *Psychological Science*, 2008, 19 (3): 302-308.

示出了正面反馈，但并无证据表明本地偏好在短期内会增加不稳定性。通过实证分析，其结果支持程式化的理论模型预测，即主权债务危机的后果取决于国内最初的不稳定震荡以及日益增加的本地偏好的影响。在主权债务压力下，日益增加的本地偏好反映了日益恶化的财政状况；但由于对本地资源的偏爱，反而可能会降低本地企业违约的可能性。因此，提出如下假设：

假设 4.4：投资者的本地偏好负面影响众筹项目的融资成功率。

4.2　静态本地偏好模型

4.2.1　静态本地偏好度量模型

表 4.1 总结了研究的模型、研究对象及模型的关键变量。研究模型分为三个层次：国家、区域（包括州省、城市）以及个体。其中，区域层次主要用于分析某个区域的投资者是否更偏好投资本区域的项目，这是检验本地偏好的重要依据。

在国家层次上，本地偏好可能受到语言、文化、习惯、风俗等多种因素的干扰。而在区域内，语言和文化差异相对较小。因此，我们采用递进的模型来度量投资者的本地偏好：首先从国家级本地偏好开始，然后逐步细化到州省级本地偏好、城市级本地偏好，最后考虑投融资双方的距离。这种递进的方式有助于逐步排除语言、文化、习惯等因素的干扰。

通常，不同国家之间存在较大的语言、文化、习惯差异，但在同一个国家内部，不同州省之间的这种差异会小得多；而在同一个城市内部，语言、文化、习惯等几乎不存在显著性差异。因此，这种递进的模型是一种消除语言、文化、习惯等外部影响因素的有效方法。

投融资双方的距离也是排除语言、文化、习惯等因素干扰的重要手段之一。因为通常情况下，如果投资者与融资者之间的距离为零，那么二者的语言、文化、习惯等因素几乎相同；反之，随着距离的增加，语言、文化、习惯的差异也会逐渐增大。如果存在本地偏好，那么投融资双方的距离与投资者的投资行为应呈显著负相关，即距离越远，投资者的投资行为次数越少。因此，在个体层次上，我们从计量角度对本地偏好进行分析。

表4.1 研究模型说明

模型层次	研究对象	模型说明	关键变量
国家层次	国家层次本地偏好	检测 A 国融资者发起的项目是否更能获得更多 A 国投资者的支持	投融双方的国籍
区域层次	区域内部本地偏好（州省级偏好）	检测在某个州省内部本地偏好存在的证据，例如，A 州的融资者发起的项目是否能够比其他州的融资者发起的项目更能吸引 A 州的投资者	投融双方区域位置的划分
	区域内部本地偏好（城市级偏好）	检测在某个城市内部本地偏好存在的证据，例如，A 城市的融资者发起的项目是否能够比其他城市的融资者发起的项目更能吸引 A 城市的投资者	投融双方区域位置的划分
	区域市场本地偏好的叠加效应	区域市场的本地偏好叠加效应，当来自 A 州的投资者在 B 州创建众筹项目时，如果存在本地偏好，那么该项目会同时受到 AB 两州投资者的青睐，因而会呈现出那些融资者所在地与项目所在地一致的项目投资行为的差异	投融双方区域位置的划分
个体层次	投资时序模型	如果投资者与融资者来自同一个区域，能否显著增加投资	投资者的投资行为及是否活跃投资者
	截面数据模型	在项目融资初期，如果来自距离较近的投资者投资一个项目能否显著提升项目的融资成功率	项目融资状态及投资者与融资者的距离（国家、州）对项目融资结果的影响
	距离模型	投资者与融资者的距离对项目融资结果的影响	投资者与融资者的距离计算

4.2.2　国家层次的静态本地偏好分析

Kickstarter 作为全球最大的众筹平台，允许世界各地的投资者发起并投资项目。因此，首先从国家层面探究投资者的本地偏好。

表 4.2 统计了项目融资者的国籍，可以看出融资者来自世界各地，但绝大多数来自美国。此外，美国融资者的项目融资成功率显著高于其他国家融资者，这在一定程度上表明，作为美国网站，投资者在选择项目时更倾向于选择来自美国的众筹项目。

表4.2　融资者所在国籍与项目融资成功率统计

融资者国籍	项目数	占比	成功项目数	筹资成功率
美国	118633	87.08%	57927	48.83%
其他国家	17601	12.92%	7471	42.45%

当区分项目所在地和融资者国籍时，涉及两个方面：一是项目所在地，二是融资者国籍。多数情况下两者相同，但也有不一致的情况。表 4.3 展示了融资者国籍以及项目所在地国籍的统计信息。例如，"*The Last Cause - feature film*"是由来自中国北京的融资者在美国纽约创建的项目。[①]

表4.3　融资者国籍以及项目所在地国籍的统计信息

统计项目	数量	占比
项日所在国与融资者国籍相同	130308	95.65%
项目所在国与融资者国籍不同	4414	3.24%
项目所在国与融资者国籍任何一个为空	1512	1.11%
合　计	136234	100.00%

---

① 该项目已融资成功，查找网址为：https://www.kickstarter.com/projects/thelastcause/the-last-cause-feature-film/。

统计结果显示，项目所在国数量为 180 个，融资者国籍数量为 197 个。当项目所在国与融资者国籍相同或不同时，这两种情况对本章研究具有价值。而当项目所在国或融资者国籍为空时，这对国家层次的本地偏好分析无意义，但这些数据仍可用于后续的区域市场分析。

统计结果显示，项目所在国数量为 180 个，融资者国籍数量为 197 个。当项目所在国与融资者国籍相同或不同时，这两种情况对本章研究具有价值。而当项目所在国或融资者国籍为空时，这对国家层次的本地偏好分析无意义，但这些数据仍可用于后续的区域市场分析。

项目分布在 180 个国家和地区，若采用朴素的平均方法计算投融双方来自同一个国家的概率，其值为 0.56%（1/180）。而实际数据统计结果约为 62.25%（来自同一国家或地区的投资行为有 5416222 次，不同国家或地区的投资行为有 3285107 次）。这一比例相差约 111 倍，在一定程度上反映了国家层面投资的不均衡性。

表 4.4 展示了融资者国籍排名前 10 的国家，可以看到大多数项目来自美国，占比约为 87%，其次是英国、加拿大、澳大利亚等。中国有 183 个项目，排名第 10。美国的项目数量远超其他所有国家总和，数据存在极大偏差，因此简单平均方法并不适用。

表4.4　融资者国籍排名前10的国家排行

序号	项目所在国	项目数量	占比
1	美国	118633	87.08%
2	英国	7543	5.54%
3	加拿大	2359	1.73%
4	澳大利亚	788	0.58%
5	德国	350	0.26%
6	法国	258	0.19%
7	意大利	253	0.19%

续表

序号	项目所在国	项目数量	占比
8	新西兰	225	0.17%
9	日本	222	0.16%
10	中国	183	0.13%

表 4.5 展示了投资者的国籍统计，约 63.98% 的投资者来自美国，因此投资者数据也存在不均衡性。

表4.5　排名前10的投资者的国籍排行

序号	国籍	数量	占比
1	美国	895761	63.98%
2	英国	103134	7.37%
3	加拿大	74093	5.29%
4	澳大利亚	47165	3.37%
5	德国	42979	3.07%
6	法国	22177	1.58%
7	荷兰	14548	1.04%
8	瑞典	14052	1.00%
9	日本	11209	0.80%
10	西班牙	10778	0.77%

为解决数据极端不均衡问题，我们依据概率论思想建立了图 4.1 所示的模型。众筹项目来自 180 个国家和地区，投资者来自 201 个国家和地区。因此，问题可以抽象为某国投资者投资某国项目的概率[①]。

---

① CHAKRAVARTHY S R, OZKAR S. *Crowdsourcing and Stochastic Modeling* ［J］. *Business and Management Research*, 2016, 5 (2): 19.

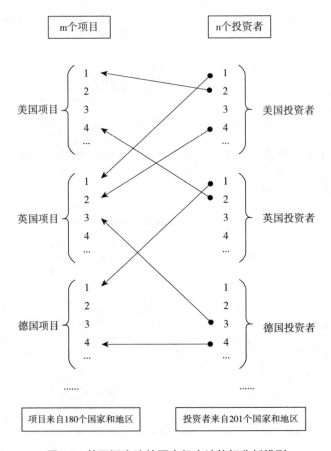

图4.1 基于概率论的国家级本地偏好分析模型

在大样本数据下，可以假设各个国家和地区的项目总体质量不存在显著差异。因此，在大数据背景下，"理论上"每个投资者会以近乎随机的方式选择各国各区域的项目进行投资。这一假设在样本不足时可能不成立，但在大样本下可以弥补个体样本差异，使整体倾向于均值①。为保证计算准确性，有必要排除项目数量太少的国家，只保留数量较多的国家进行分析。

---

① MCAFEE A, BRYNJOLFSSON E, DAVENPORT T H, et al. *Big data: the management revolution* [J]. *Harvard Business Review*, 2012, 90 (10): 60–68.

假设不存在本地偏好，令 P(X) 表示投资者来自 X 国的概率，P(Y) 为项目来自 Y 国的概率，P(X,Y) 表示 X 国投资者参与 Y 国项目投资的概率。依据条件概率，见公式（4.1）。

$$P(X,Y)= P(Y)\ P(X\mid Y) = P(X)\ P(Y\mid X) \tag{4.1}$$

部分国家由于项目数量太少，可能不满足"该国家或地区项目总体质量不存在显著差异"的假设。为避免这些国家对计算结果的影响，排除这部分项目将使趋势更加明显。因此，我们选择了排名靠前的 7 个国家及中国作为例了。

表 4.6 展示了投资者在没有国家级本地偏好下的理论数值。由于美国投资者和项目数量最多，因此美国投资者投资美国项目的概率最大。

表4.6　投资者的在没有国家级本地偏好下的理论概率

（ x|y ）	美国项目	英国项目	加拿大项目	澳大利亚项目	德国项目	意大利项目	法国项目	中国项目
美国投资人	67.9843%	7.8274%	5.6233%	3.5796%	3.2619%	0.7168%	1.6831%	0.1378%
英国投资人	4.4153%	0.5084%	0.3652%	0.2325%	0.2118%	0.0466%	0.1093%	0.0089%
加拿大投资人	1.3847%	0.1594%	0.1145%	0.0729%	0.0664%	0.0146%	0.0343%	0.0028%
澳大利亚投资人	0.4662%	0.0537%	0.0386%	0.0245%	0.0224%	0.0049%	0.0115%	0.0009%
德国投资人	0.2051%	0.0236%	0.0170%	0.0108%	0.0098%	0.0022%	0.0051%	0.0004%
意大利投资人	0.1504%	0.0173%	0.0124%	0.0079%	0.0072%	0.0016%	0.0037%	0.0003%
法国投资人	0.1493%	0.0172%	0.0123%	0.0079%	0.0072%	0.0016%	0.0037%	0.0003%
中国投资人	0.1055%	0.0121%	0.0087%	0.0056%	0.0051%	0.0011%	0.0026%	0.0002%

将表 4.6 所示的理论值与投资行为的实际数据进行比较，若两者无显著差异，则不存在国家级本地偏好；反之，则存在。理论值与实际值的差异性分析结果如表 4.7 所示。显然 F > F crit，因此，理论值与实际值存在显著性差异（$P < 0.01$），即投资者的投资行为存在显著的国家级本地偏好。

表4.7 国家级本地偏好差异显著性分析结果

差异源	SS	Df	MS	F	P-value	F crit
组间	0.382812	1	0.382812	7.920813	0.005672	6.840381
组内	6.089574	126	0.04833			
总计	6.472386	127				

进一步地，为分析不同国籍投资者的本地偏好，依据条件概率，根据实际投资数据计算了一个国家投资者支持他国项目的概率。该概率考虑了投资者与项目的国籍，解决了数据不均衡性带来的计算偏差，结果如表 4.8 所示。其含义是，某一国投资者投资某国项目的概率。例如，表 4.8 中第一行第一列的元素表示美国投资者有 0.6778% 的概率会选择美国的项目，而投资英国、加拿大、澳大利亚、德国、意大利、法国和中国项目的概率分别为 0.3291%、0.8218%、0.5738%、0.8492%、0.4546%、0.7480% 和 1.2618%（考虑了投资者数量和项目数量）。显然，美国投资者的投资较为分散，更加包容，这可能与美国开放的经济思维有关。对于其他国家来说，对角线上的元素都是每行和每列的最大值，即投资者更喜欢本国项目。在这些国家中，中国投资者的本地偏好最显著（9.4958%），其次是德国、法国、澳大利亚、意大利、加拿大和英国；而美国投资者的本地偏好行为最不显著。

表4.8　投资者的国家级本地偏好统计数据

(x|y)	美国项目	英国项目	加拿大项目	澳大利亚项目	德国项目	意大利项目	法国项目	中国项目
美国投资人	0.6778%	0.3291%	0.8218%	0.5738%	0.8492%	0.4546%	0.7480%	1.2618%
英国投资人	0.3964%	2.5769%	0.9982%	1.1197%	1.0909%	0.5403%	1.4628%	1.7717%
加拿大投资人	0.5518%	0.5396%	3.4339%	0.8472%	1.1304%	0.4651%	1.1939%	1.7650%
澳大利亚投资人	0.6398%	0.9500%	1.4802%	5.9771%	1.7236%	0.6216%	1.6137%	2.5833%
德国投资人	0.4864%	1.0619%	1.1817%	1.3308%	8.0517%	0.6873%	1.9939%	2.0941%
意大利投资人	0.3840%	0.8503%	0.7868%	1.0185%	1.5156%	4.4010%	1.4087%	1.8248%
法国投资人	0.4073%	0.8500%	1.0724%	0.9604%	1.6867%	0.5247%	7.9900%	1.9932%
中国投资人	0.0991%	0.2782%	0.5390%	0.7757%	1.8531%	0.4932%	0.7144%	9.4958%

4.2.3　区域市场的静态本地偏好叠加效应

表 4.3 的统计数据显示，项目所在国与融资者所在国不同的项目数量为 4414，这是国家层次的数据分析结果。为了从微观视角考察区域市场的本地偏好及其市场叠加效应，即当 A 州的投资者在 B 州创建项目时，如果存在本地偏好，这类项目应受到两个州投资者的投资，从而呈现出与融资者所在地与项目所在地一致的项目投资行为的典型差异。

项目所在地与融资者所在地位于不同州的项目共有 8875 个，其分布如表 4.9 所示。可以看出，其他地区的融资者更愿意在纽约发起项目，例如，3.55% 的加州融资者在纽约发起项目。所有在纽约发起的项目中，各州融资者比例分布如表 4.10 所示。

表4.9 项目所在地与融资者所在地两个地点不一致的数据汇总（前20）

序号	项目所在地	融资者籍贯	数量	比例
1	纽约州	加利福尼亚州	315	3.55%
2	纽约州	新泽西州	266	3.00%
3	加利福尼亚州	纽约州	223	2.51%
4	内华达州	加利福尼亚州	135	1.52%
5	华盛顿哥伦比亚特区	马里兰州	123	1.39%
6	华盛顿哥伦比亚特区	弗吉尼亚	107	1.21%
7	得克萨斯州	加利福尼亚州	96	1.08%
8	马萨诸塞州	纽约州	88	0.99%
9	新泽西州	纽约州	87	0.98%
10	印第安纳州	加利福尼亚州	77	0.87%
11	加利福尼亚州	俄勒冈州	75	0.85%
12	宾夕法尼亚州	纽约州	73	0.82%
13	纽约州	康涅狄格州	73	0.82%
14	纽约州	宾夕法尼亚州	72	0.81%
15	纽约州	马萨诸塞州	71	0.80%
16	加利福尼亚州	华盛顿州	64	0.72%
17	纽约州	佛罗里达州	63	0.71%
18	宾夕法尼亚州	新泽西州	60	0.68%
19	佛罗里达州	加利福尼亚州	59	0.66%
20	俄勒冈州	华盛顿州	57	0.64%

表4.10 纽约的众筹项目统计（剔除了所有美国以外的融资者与投资者）

	纽约的融资者在纽约发起的项目	外地的融资者在纽约发起的项目
数量	14624	1342
比例	91.59%	8.41%

表4.10显示，纽约项目中约有8%是由其他州的融资者发起的，这一比例在所有州中并不算最高。表4.11展示了所有州的项目中由外地融资者发起

的比例。可以看出，对华盛顿哥伦比亚特区来说，项目由外来融资者发起的

比例最大，约为 28.63%。

表4.11　剔除了所有美国以外的融资者与投资者的外地融资者统计

州	他州融资者发起 的项目	本州投资者发起 的项目	他州融资者发起项目 的比例
华盛顿哥伦比亚特区	359	895	28.63%
内华达州	300	813	26.95%
南达科他州	38	109	25.85%
阿拉斯加州	72	207	25.81%
怀俄明州	21	91	18.75%
北达科他州	21	91	18.75%
路易斯安那州	177	910	16.28%
佛蒙特州	79	467	14.47%
西弗吉尼亚州	28	166	14.43%
密西西比州	40	238	14.39%
堪萨斯州	68	426	13.77%
田纳西州	361	2388	13.13%
特拉华州	20	140	12.50%
新墨西哥州	85	646	11.63%
俄克拉荷马州	70	567	10.99%
肯塔基州	76	638	10.64%
新泽西州	186	1620	10.30%
缅因州	64	568	10.13%
阿肯色州	35	313	10.06%
罗得岛州	47	470	9.09%
印第安纳州	118	1191	9.01%
密苏里州	146	1474	9.01%
内布拉斯加州	31	313	9.01%
宾夕法尼亚州	335	3415	8.93%

续表

州	他州融资者发起的项目	本州投资者发起的项目	他州融资者发起项目的比例
蒙大拿州	38	391	8.86%
新罕布什尔州	43	446	8.79%
夏威夷州	43	446	8.79%
纽约州	1342	14624	8.41%
康涅狄格州	81	888	8.36%
马里兰州	124	1373	8.28%
亚拉巴马州	47	537	8.05%
马萨诸塞州	289	3307	8.04%
南卡罗来纳州	68	795	7.88%
弗吉尼亚州	147	1754	7.73%
爱达荷州	40	492	7.52%
密歇根州	214	2635	7.51%
路易斯安那州	36	451	7.39%
乔治亚州	217	2756	7.30%
亚利桑那州	160	2042	7.27%
伊利诺伊州	321	4539	6.60%
俄勒冈州	210	3148	6.25%
威斯康星州	85	1288	6.19%
明尼苏达州	135	2063	6.14%
犹他州	103	1599	6.05%
俄亥俄州	157	2450	6.02%
佛罗里达州	293	4607	5.98%
科罗拉多州	145	2360	5.79%
北卡罗来纳州	143	2336	5.77%
华盛顿州	238	4031	5.58%
得克萨斯州	320	5836	5.20%
加利福尼亚州	1059	23680	4.28%

对融资者与项目是否在同一州的差异进行统计，得到表4.12。可以看出，融资者与项目在同一州的平均融资成功率为48.73%，而融资者与项目在不同州的平均融资成功率为50.46%。这表明，来自异地的融资者更容易获得投资。异地融资者与本地融资者的一个显著差异在于地理位置以及由此带来的社会关系差异，这是本地偏好的显著表现。从投资者来自同一州的比例来看，融资者与项目在同一州的项目的投资者比例为15.88%，而融资者与项目在不同州的项目的投资者比例为20.38%，这表明当融资者与项目所在地处于不同州时，有更多的本地投资者参与投资；同理，投融双方来自同一城市的比例也呈现了类似的趋势。最能体现融资者与项目在同一州及融资者与项目所在地不同州差异的是投融双方的平均距离，因为如果区域市场的本地偏好存在，那么融资者与项目所在地不同州的项目的投资者应该距离项目所在地更近。分析数据表明，异地融资者与本地融资者发起项目的平均距离分别为3569.23千米和3263.70千米，这表明当融资者与项目所在地不同州时，能够吸引更多的本地投资者参与，体现了显著的本地偏好叠加效应。

表4.12　融资者与项目同一州及融资者与项目所在地不同州的差异

（剔除了所有美国以外的融资者与投资者）

	融资者与项目所在地同一州	融资者与项目所在地不同州
项目数量	109030	8875
成功融资项目	53126	4478
平均融资成功率	48.73%	50.46%
投融双方来自同一州的比例	15.88%	20.38%
投融双方来自同一城市的比例	6.83%	7.37%
投融双方的平均距离（千米）	3569.23	3263.70
平均投资者数量	65	58
平均融资进度	240.66%	160.93%

值得一提的是，项目的平均融资进度均大于100%，而在"All-or-Nothing"融资模式中，一旦融资成功，投资者的积极性会显著下降[①]，因此，融资进度这一数据不能作为本地偏好的直接证据。后续的计量模型会对该效应进行深入研究。尽管如此，表4.12仍能证明区域投资行为的叠加效应，即当融资者与项目所在地不相同时，能够同时获得两个地区的投资者支持，进而提高项目融资成功率。

采用差异显著性分析对区域市场本地偏好的叠加效用进行分析，以得到有叠加效用与无叠加效用的差异，得到表4.13所示的区域市场本地偏好的叠加效用差异显著性分析结果。显然 F ≫ F crit，因此，理论数值与投资者实际投资行为的数值存在显著差异（$P < 0.01$），换言之，投资者的投资行为存在显著的区域市场本地偏好叠加效应。

对比考虑叠加效应的区域市场本地偏好与不考虑叠加效应的区域市场本地偏好差异，显然，考虑叠加效应的区域市场本地偏好更为显著，显著性系数也明显提高（8.84E-17 和 1.74E-05）。因此，可以认为叠加效应在区域市场本地偏好中显著存在并发挥作用。

表4.13　区域市场本地偏好的叠加效用差异显著性分析结果

差异源	SS	df	MS	F	P-value	F crit
组间	0.001214	1	0.001214	69.68178	8.84E-17	6.63977
组内	0.090562	5200	1.74E-05			
总计	0.091775	5201				

---

① MOLLICK E. *The dynamics of crowdfunding: An exploratory study* [J]. *Journal of Business Venturing*, 2014, 29 (1): 1-16.

4.3　静态本地偏好对融资效果的影响

4.3.1　模型因变量

表 4.14 归纳了截面数据检测的模型，4 个模型都在一定程度上揭示了本地偏好的影响。其中，参与人数模型和筹资金额模型需要对因变量进行对数处理。参与人数模型反映的是一个众筹项目的投资者数量，而筹资金额模型则指的是一个众筹项目实际筹集到的资金总额，不区分项目所采用的币种（这对模型结果没有实质性影响，因为采用欧元作为融资币种的项目，其实际筹集到的资金也是以欧元计）。

表4.14　截面数据检测模型说明

模型	因变量	说　明
项目状态模型	项目融资的结果	融资成功为 1，融资失败为 0
融资进度模型	项目融资的进度	筹得资金的比例
参与人数模型 (ln)	参与投资的投资者数量	投资者数量反映了项目的吸引力
筹资金额 (ln)	筹得资金的数额	筹得资金的数量越多表明项目越受欢迎

4.3.2　距离分析以及经济效用

表 4.15 按项目类别统计了各自的平均地理位置信息。从中可以看出，投资者对不同项目类别的本地偏好存在显著差异。例如，戏剧类项目往往与文化紧密相关，因此，在州（省）级以及城市级本地偏好上，戏剧类项目均表现出最强烈的偏好，这表明对戏剧类项目的投资意愿受本地偏好的影响最为显著。食品类项目在国家级本地偏好上也较为突出，这反映了投资者更倾向于投资本

国的食品项目，而非国外项目，这可能是由于饮食习惯的差异，也可能是出于食品安全的考虑。已有研究表明，在食品类众筹项目的文本描述中强调可信度能有效提升融资成功率[①]，有关本地偏好的分析进一步支持了这一结论。对于游戏类项目，在所有分析层次中，本地偏好的影响最为微弱。这表明，投资者在评估游戏类项目是否值得投资时，很少考虑地理位置因素。这是因为投资者更关注游戏本身的趣味性，对游戏创意的重视程度高于对游戏开发者的关注[②]。

表4.15　截面数据下不同项目类别的分析结果

项目类别	国家级本地偏好	州（省）级本地偏好	城市级本地偏好	平均距离（千米）
游戏	0.5158	0.0541	0.0115	4624.9151
设计	0.5905	0.0859	0.0258	4459.6874
时尚	0.6957	0.1357	0.0521	3587.0178
影视	0.7132	0.2286	0.1080	3186.1186
艺术	0.7766	0.2769	0.1408	2554.1821
科技	0.5337	0.0805	0.0200	4702.2452
出版业	0.7156	0.1642	0.0726	3005.9117
新闻业	0.6792	0.2053	0.1066	3219.6552
食品	0.8692	0.3227	0.1564	2070.1643
舞蹈	0.8580	0.4386	0.2426	1725.0566
漫画	0.6926	0.0968	0.0343	3490.7243
摄影	0.6809	0.2071	0.0973	3413.7961
音乐	0.8135	0.2948	0.1381	2218.4854
戏剧	0.8745	0.4598	0.2529	1474.7852
手工品	0.7521	0.1339	0.0459	3118.5413
平均值	0.6217	0.1307	0.0525	3910.7699

① 王伟，Chen W，Zhu K，等. 众筹融资成功率与语言风格的说服性——基于 Kickstarter 的实证研究 [J]. 管理世界，2016（5）：81-98.
② 王伟，郭丽环，祝效国，等. 融资者个人因素以及社会关系对食品类众筹项目的影响研究 [J]. 经济评论，2017（4）：118-130.

就投融双方的平均距离而言，戏剧类项目最短，约 1474 千米；游戏类项目最长，约 4624 千米。作为参考，旧金山到纽约的直线距离约为 4100 千米，这意味着对于许多游戏类项目来说，投融双方已经跨越了国界。

为了探究投融双方的地理距离对投资行为的影响，建立了如公式（4.2）所示的计量模型。

$$prob(Investor_i \ backs \ Founder_j) = \beta \times GeoDistance_{ij} + f(InvestorInfo_i, FounderInfo_j, ProjectInfo) + \varepsilon_{ij}$$

（4.2）

其中，因变量为投资者 $Investor_i$ 是否支持融资者 $Founder_j$，为虚拟变量。$GeoDistance_{ij}$ 表示投融双方的距离，按照球面计算。如果投资者的本地偏好与距离存在关联，那么可以预期系数 β 将显著负相关，因为投资者与融资者之间的地理距离越远，投资者支持该融资者的可能性就越低。

表 4.16 展示了截面数据下投融双方地理距离对投资行为的影响。可以看出，4 个计量模型中的距离影响系数均显著为负，这表明投融双方的地理距离越远，投资者参与众筹项目投资的意愿就越低。

表4.16　截面数据下投资者与融资者的地理距离对投资者行为的影响

变量	融资状态模型（Logit）	参与人数模型（ln）	筹资进度模型（ln）	融资金额模型（ln）
ln_updates_count	1.3956***	0.1900***	−0.0595***	0.1302***
ln_comment_count	0.7252***	−0.3087***	0.3661***	0.5012**
ln_project_goal	−1.5694***	0.0337***	−0.4697***	0.3153***
ln_funding_lastdays	−0.6006***	−0.0298***	0.1595***	0.0929***
ln_level_count	−0.0827***	0.1060***	−0.0730***	−0.0886***

续表

变量	融资状态模型 (Logit)	参与人数模型 (ln)	筹资进度模型 (ln)	融资金额模型 (ln)
is_video	0.54097***	−0.1072***	0.1461***	0.3223***
ln_leader_backed_count	−0.0330***	−0.0018**	0.0406***	0.0438***
ln_leader_facebook_friends	0.0344***	−0.0001	0.0080*	0.0128***
ln_level_max	0.1111***	0.0090***	−0.0059***	−0.0028***
ln_level_min	0.0634***	0.0209***	−0.0055***	0.0044***
ln_level_avg	0.4975***	0.0405***	0.1204**	0.1598***
ln_distance	−0.1191***	−0.0162***	−0.0044***	−0.0157***

***$p < 0.001$，**$p < 0.01$，*$p < 0.05$

4.3.3　二阶分析模型以及检测结果

鉴于投资者的在线众筹项目投资行为中存在显著的本地偏好，本书旨在探讨这种本地偏好的经济影响，即判断投资者的本地偏好是促进了项目的成功融资还是阻碍了项目的成功融资。换言之，当一个众筹项目能够吸引较多近距离的投资者参与时，该项目是更易于融资成功还是更易于融资失败。为此，本研究采用了以下本地偏好的度量指标：①投资者与融资者是否来自同一个国家。若是，则设置为1；否则，设置为0。②投资者与融资者是否来自同一个省份。若是，则设置为1；否则，设置为0。③投资者与融资者是否来自同一个城市。若是，则设置为1；否则，设置为0。④投资者与融资者的距离，以千米为单位进行度量。

以上四种度量方式从不同角度和层次全面衡量了本地偏好的影响，为检测本地偏好提供了全面的视角。

基于引力方程模型 [①] 和投资者行为模型 [②]，在不考虑时间因素的情况下，仅考察本地偏好与项目融资结果的关系，我们建立了 logit 回归模型，具体如公式（4.3）所示。

$$Status(Project_i)=\beta \times SamePlace_{ij}+f(FounderInfo_i,ProjectInfo_i)+\varepsilon_{ij}$$

（4.3）

其中，$Status(Project_i)$ 表示项目的融资状态，具体分为融资成功和融资失败两种情况。$SamePlace_{ij}$ 表示项目和投资者来自相同的地点，该模型有效的原因在于：若本地偏好在截面数据层次上发挥作用，那么本地投资者数量应显著多于其他地区的投资者。因此，拥有较多本地投资者参与的项目更有可能获得成功。换言之，项目的融资状态在很大程度上受本地投资者数量的影响，即预期系数 β 应显著为正。鉴于公式（4.3）中的项目状态仅为两种——融资成功记为 1，融资失败记为 0——故采用 Logit 模型进行分析。

类似的，建立其他几个模型用于截面数据检测，分别如公式（4.4）到公式（4.6）所示。

$$Progress(Project_i)=\beta \times SamePlace_{ij}+f(FounderInfo_i,ProjectInfo_i)+\varepsilon_{ij}$$

（4.4）

$$NumBacker(Project_i)=\beta \times SamePlace_{ij}+f(FounderInfo_i,ProjectInfo_i)+\varepsilon_{ij}$$

（4.5）

$$NumMoney(Project_i)=\beta \times SamePlace_{ij}+f(FounderInfo_i,ProjectInfo_i)+\varepsilon_{ij}$$

（4.6）

① BERGSTRAND J H. *The Gravity Equation in International Trade: Some Microeconomic Foundations and Empirical Evidence* [J] . *Review of Economics & Statistics*, 1985, 67 (3): 474-481.

② LIN M, VISWANATHAN S. *Home bias in online investments: An empirical study of an online crowdfunding market* [J] . *Management Science*, 2015, 62 (5): 1393-1414.

在计量模型中，对同一地区的界定包含以下层次：

模型 1（国家级）：国家层次上的同一地区，即由来自同一个国家的投资者与融资者构成同一地区。

模型 2（州/省级）：同一州/省的投融资双方构成同一地区。鉴于 Kickstarter 上美国的投资者和融资者居多，因此以美国为研究对象。

模型 3（城市级）：投资者与融资者来自同一城市则视为同一地区，其他情况均视为不同地区。

模型 4（距离模型）：根据投融资双方之间的物理距离，通过回归模型来估计距离对投资行为的影响。

依据已有研究，选择表 4.17 所示的控制变量。因变量为项目的融资状态，成功记为 1，否则记为 0。该模型涉及四类变量：与项目有关的变量、与融资者有关的变量、与投资者有关的变量以及与本地偏好有关的变量。

表4.17　变量描述

变量分类	变量名称	变量说明	最小值	最大值	均值	标准差
项目有关	NumUpdates	更新次数	0	301	21.48	21.31
	NumComment	评论次数	0	313876	4143.04	22364.26
	Goal	筹资目标	1	1.00e+08	113958.7	417260.5
	Lastdays	项目筹资时长	1	91	34.2795	10.87401
	Video	是否有视频介绍	0	1	0.94	0.23
	NumPledgeLevel	回报等级数量	1	227	14.12	10.32
融资者有关	FromUSA	发起人地址是否是在美国	0	1	0.86	0.34
	NumFollowers	Facebook 好友数量	0	5981	521.93	900.88
	SocialConnected	是否有 Facebook（twitter）链接	0	1	0.52	0.50
投资者有关	NumBackerPreceding	投资者已经参与投资的项目数量	0	998	26.66	111.85

续表

变量分类	变量名称	变量说明	最小值	最大值	均值	标准差
本地偏好 有关	*BiasCountry*	国家级偏好 （投资同一国家项目）	0	1	0.62	0.48
	BiasState	州省级偏好 （投资同一州省项目）	0	1	0.13	0.34
	BiasCity	城市级偏好 （投资同一城市项目）	0	1	0.05	0.22
	Distance	投资与融资者的距离	0	19978.73	3910.95	4049.66

表 4.18 展示了变量的相关系数矩阵，所有相关系数均小于 0.8，这表明模型估计的结果不太可能因变量共线性而产生偏差。

表 4.19 显示了分析结果，采用 Logit 模型进行估计。在国家层次的研究模型中，投融资双方来自同一国家对项目融资效果的影响系数为 0.6124***。与之相比，州/省级与城市级的本地偏好影响系数更大，分别达到 0.9053*** 和 0.9858***，即地理距离越近，投资者越倾向于参与投资，从而对融资成功率的影响也越大（呈现递增趋势）。这表明投资者的地理位置偏好显著，距离更近的投资者更容易参与投资。本地偏好在距离分析中体现得最为明显。在 Logit 模型中，距离对投资意愿的影响显著为负（-0.1321***），即投融资双方的地理距离越远，投资者越不愿意参与投资。回归结果显示，投融资双方在同一国家、同一州/省以及同一城市时，对投资意愿的影响依次递增。无论在哪个层次上进行分析，结果均支持众筹投资行为中的本地偏好效应。

表4.18 变量的相关系数矩阵

	PledgeResult	NumUpdates	NumComment	Goal	Lastdays	NumPledgeLevel	Video	NumBacked	NumFollowers	BiasCountry	BiasState	BiasCity	Distance
PledgeResult	1												
NumUpdates	0.378**	1											
NumComment	0.262**	0.730**	1										
Goal	-0.056**	0.463**	0.662**	1									
Lastdays	-0.063**	0.047**	0.027**	0.104**	1								
NumPledgeLevel	0.076**	0.409**	0.379**	0.475**	0.060**	1							
Video	0.043**	0.138**	0.128**	0.198**	0.031**	0.134**	1						
NumBacked	0.151**	0.367**	0.279**	0.084**	-0.016**	0.113**	0.047**	1					
NumFollowers	0.001**	-0.091**	-0.230**	-0.197**	-0.023**	-0.047**	0.009**	0.167**	1				
BiasCountry	-0.002*	-0.149**	-0.233**	-0.163**	-0.016**	-0.055**	-0.031**	0.029**	0.086**	1			
BiasState	-0.026**	-0.199**	-0.257**	-0.105**	-0.001*	-0.058**	-0.010**	-0.073**	0.063**	0.302**	1		
BiasCity	-0.020**	-0.173**	-0.226**	-0.104**	-0.005**	-0.057**	-0.011**	-0.060**	0.051**	0.184**	0.607**	1	
Distance	0.037**	0.244**	0.332**	0.180**	0.011**	0.079**	0.032**	0.078**	-0.082**	-0.485**	-0.755**	-0.711**	1

* $p<0.05$, ** $p<0.01$

表4.19　投资行为的分析结果　(Logit模型)

	国家级	州（省）级	城市级	距离
logNumUpdates	1.402*** (0.0021)	1.412*** (0.0022)	1.407*** (0.0021)	1.41*** (0.0022)
logNumComment	0.5703*** (9.8e–04)	0.5778*** (9.8e–04)	0.5604*** (9.7e–04)	0.5864*** (9.9e–04)
logGoal	–1.191*** (0.0015)	–1.206*** (0.0015)	–1.197*** (0.0015)	–1.197*** (0.0015)
logLastdays	–0.5872*** (0.005)	–0.5978*** (0.005)	–0.5975*** (0.005)	–0.5958*** (0.005)
logNumPledgeLevel	0.2098*** (0.0032)	0.2221*** (0.0032)	0.228*** (0.0032)	0.2124*** (0.0032)
Video	0.6444*** (0.0059)	0.6282*** (0.0059)	0.6291*** (0.0059)	0.6417*** (0.0059)
logNumBacked	–0.0786*** (0.0013)	–0.0662*** (0.0013)	–0.069*** (0.0013)	–0.0677*** (0.0013)
logNumFollowers	0.033*** (4.5e–04)	0.0335*** (4.5e–04)	0.0344*** (4.5e–04)	0.0344*** (4.5e–04)
BiasCountry	0.6124*** (0.0031)			
BiasState		0.9053*** (0.004)		
BiasCity			0.9858*** (0.0057)	
Distance				–0.1321*** (5.8e–04)
Constant	9.103*** (0.0216)	9.439*** (0.0216)	9.491*** (0.0215)	10.39*** (0.022)
Adjusted R-squared	0.4102	0.4128	0.4092	0.4132
Observations	8398942	8398942	8398942	8380146
* $p < 0.1$, ** $p < 0.05$, *** $p < 0.01$				

4.4　静态本地偏好的讨论

4.4.1　静态本地偏好的机理分析及影响

本书旨在探讨在线众筹项目投资行为中静态本地偏好的影响机理。机理分析围绕以下三个核心问题展开：①为何在线众筹项目投资行为会展现出静态本地偏好？②在线众筹项目投资行为的静态本地偏好为何存在不同的层次？③本地偏好对在线众筹产生了哪些经济影响？影响机理可通过综合信号传递理论与决策理论进行深入剖析[①]。信号理论阐释了融资者选择公开地理位置的影响过程，而"心理—认知—行为"框架则揭示了地理位置对投资行为的具体影响路径。图4.2展示了本地偏好对众筹项目投资行为影响机理的示意图。

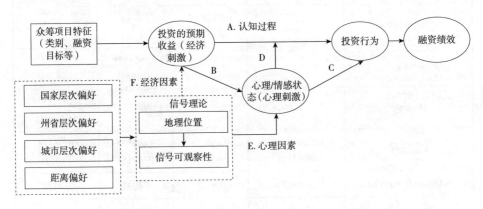

图4.2　静态本地偏好对众筹项目投资行为影响的机理分析

---

① 王雷. 基于信号传递过程中学习效应的联合创业投资决策［J］. 中国管理科学，2014，22（4）：74-82.

行为金融学致力于揭示金融市场中的非理性行为及决策规律，该理论认为，证券的市场价格在很大程度上受到投资者主观行为的影响[1]。在在线融资领域的研究中，信号理论被广泛用于解释投资者和融资者的行为。信息不对称是信号理论生效的关键原因之一，投资者通过融资者释放的有限信号来评估项目的质量和价值，从而决定是否投资。然而，在线金融市场中，项目前景具有高度不确定性，项目未来的实施及融资者对项目回报的承诺均难以预料，这种不确定性成为阻碍投资者参与众筹项目投资的重要因素之一。

对于投资者而言，他们只能依据融资者释放的有限信号来判断项目质量。从信号传递理论的角度来看，信号的可观察性在此过程中起着至关重要的作用。信号质量通常被定义为信号发送者为了达到目标而向信号接收者传递的信息，它反映了信号发送者潜在的、不能直接观察到的一种能力[2]。由于信号质量的细节无法直接观察，在线众筹市场实质上是一种单向的信号传递过程，即信号发送者（融资者）向信号接收者（投资者）传递信号。鉴于众筹项目的特殊性，融资者只有获得足够的资源才能推进项目，除了融资者提供的信号外，投资者几乎无法通过其他渠道获取融资者或项目的相关信息。在 All-or-Nothing 融资模式下，信号的作用尤为显著，只有当融资金额达到或超过预设的融资目标时，创业者才能获得融得的资金。

在开放的众筹平台上，融资者面对的多为陌生的投资者。如同产品特征信号传递产品质量一样，开放的众筹平台允许创业者向潜在投资者发送不同的信号。融资者能否有效将信号传递给潜在投资者，通常取决于信号的两个方面：①信号是否为高成本信号，因为一般只有高质量的项目才能

---

[1]　张峥，徐信忠 . 行为金融学研究综述 [J]. 管理世界，2006（9）：155-167.

[2]　CONNELLY B L, CERTO S T, IRELAND R D, et al. *Signaling theory: A review and assessment* [J]. *Journal of Management*, 2011, 37 (1): 39-67.

传递高成本的信号；②信号能否有效交流，即信号接收者能否准确观察并理解该信号[1]。

就信号的成本而言，创业者可通过多种方式向潜在投资者传递高成本信号，例如传递创意特征、管理团队的质量、创造的价值、董事会情况、其他投资者参与情况等信号。在传统的风险投资市场中，天使投资方和风险投资方常被视为筛选高质量项目的方式[2]，经过他们的专业评估，被投资的项目通常被认为具有较好的前景。同时，作为专业的评估和投资机构，天使投资方和风险投资方也具备足够的能力对各类项目进行质量评估。在开放的互联网环境下，为了获得投资者的支持，创业者需要提供一种高成本、可信赖的信号，并展现出对项目成功的信心[3]。这类高成本信号更可能由经验丰富、成熟的企业家创造出来，尽管他们的创意目前可能仍处于试错阶段，显得不够实用[4]。

除了信号的成本外，有效的信号传递还要求信号内容能够被准确观察（由信息接收者完成）和清晰交流（由信息发送者和信息接收者双方共同实现）。因此，信号质量的第二个方面是通过信号的有效观察来实现的[5]。信号可观测性的一个关键点是信号的质量是否得到清晰展示，且未受到其他信号的干扰和阻隔[6]。信号的可观测性在自然实验和社会实验中均展现出

① SPENCE M. *Job Market Signaling* [J]. *The Quarterly Journal of Economics*, 1973, 87 (3): 355-374.

② AVDEITCHIKOVA S, LANDSTRÖM H, MÅNSSON N. *What do we mean when we talk about business angels? Some reflections on definitions and sampling* [J]. *Venture Capital*, 2008, 10 (4): 371-394.

③ JANNEY J J, FOLTA T B. *Signaling through private equity placements and its impact on the valuation of biotechnology firms* [J]. *Journal of Business Venturing*, 2003, 18 (3): 361-380.

④ KIM P H, BUFFART M, CROIDIEU G. *TMI: Signaling credible claims in crowdfunding campaign narratives* [J]. *Group & Organization Management*, 2016, 41 (6): 717-750.

⑤ CONNELLY B L, CERTO S T, IRELAND R D, et al. *Signaling theory: A review and assessment* [J]. *Journal of Management*, 2011, 37 (1): 39-67.

⑥ RAMASWAMI A, DREHER G F, BRETZ R, et al. *Gender, mentoring, and career success: The importance of organizational context* [J]. *Personnel Psychology*, 2010, 63 (2): 385-405.

极端的重要性。

　　然而，对于众筹融资而言，其区别于传统融资渠道。在互联网环境下，创业者有机会以极低的成本吸引潜在投资者，因此众筹融资模式被一些研究者视为民主的融资方式[①]。在这种环境下，信号的成本降低，不再是区分项目质量的主要因素。因此，本书认为信号的可观测性成为创业者吸引投资者的一个显著区分因素。对于投资者而言，他们不能单纯依赖高成本信号来判断项目质量，而必须认识到在线众筹存在信息不对称性：创业者传递的信号都是经过过滤的[②]。通常，由于创业者倾向于报喜不报忧，信号的传递往往是不完全和不完美的。因此，在开放的融资坏境下，鉴于信号的低生产成本，信号的可观测性在信号传递和价值评估中起着关键作用。这对创业者提出了更高的要求：在展示众筹项目时，他们需要更加注重传递信号的可观测性。而本书研究的本地偏好正是由地理位置产生的，融资者选择公开自身地理位置成为信号理论中可观测性的手段之一，信号理论也因此为本地偏好发挥作用提供了理论基础。

　　一旦融资者选择公开地理位置数据，就意味着信号传递完成，接下来"心理—认知—行为"框架将对在线众筹项目投资行为中的本地偏好产生影响。本地偏好的影响主要来自两个方面：①心理因素（即图 4.2 中的影响路径 E）；②经济因素（即图 4.2 中的影响路径 F）。首先分析心理因素，地理位置信号会刺激投资者的心理和情感状态。在互联网环境下，投资者本能地对陌牛人持不信仟态度[③]，因此互联网投资者之间往往需要某种渠道来建立信

①　MOLLICK E, ROBB A. *Democratizing innovation and capital access: The role of crowdfunding* ［J］. *California Management Review*, 2016, 58 (2): 72-87.

②　STIGLITZ J E. *The contributions of the economics of information to twentieth century economics* ［J］. *The Quarterly Journal of Economics*, 2000, 115 (4): 1441-1478.

③　FOGEL J, NEHMAD E. *Internet social network communities: Risk taking, trust, and privacy concerns* ［J］. *Computers in Human Behavior*, 2009, 25 (1): 153-160.

任。其中较早讨论的主题是如何通过在线评论建立陌生人之间的信任关系①。研究表明，互联网投资者之间存在很高的相关性，他们之间的关系是一种互利互惠的关系。以在线评论为例：投资者对产品的真实评价有助于其他投资者评估产品质量，从而做出合理的购买决策②。

除了这种互利互惠关系外，单向的信息传递也可以赢得信息接收者的信任③。在众筹项目融资过程中，融资者一旦公开地理位置，就意味着投资者可以很容易地评估该项目的文化、习惯、传统、风俗、语言等。距离越近意味着文化、习惯、传统、风俗、语言越相似，也就意味着投资者对项目背景和内容越熟悉。特别是在食品、戏剧等项目类别中，投资者偏好与自身饮食习惯或审美观点一致的项目，这一点尤为重要。对事物越熟悉越容易产生心理信赖，因此，对本地资源的偏好会导致心理情感状态的变化，进而影响投资行为。由此形成了信号传递→心理情感刺激→投资行为的影响路径（即E→C），并且心理情感状态会调节投资者的认知过程，即信号传递→心理情感刺激→认知过程→投资行为的路径（即E→D→A）。

另一方面，融资者的地理位置也从经济因素的角度影响投资行为。投资者对项目投资的激励因素之一就是获得融资者承诺的回报，即投资的预期收益。投资者在评估项目前景时，会把融资者是否坦诚纳入评估范围。如果融资者对投资者有所隐瞒，那么投资者可能就不会信任该融资者④，进而降低项目的预期收益。不愿意公开地理位置的融资者很可能被视为有所

① RESNICK P, ZECKHAUSER R. *Trust among strangers in Internet transactions: Empirical analysis of eBay's reputation system*［M］//Baye MR (ed.). *The Economics of the Internet and E-commerce*, Emerald Group Publishing Limited, 2002:127-157.

② WANG W, WANG H, SONG Y. *Ranking product aspects through sentiment analysis of online reviews*［J］. *Journal of Experimental & Theoretical Artificial Intelligence*, 2017, 29 (2): 227-246.

③ STEWART K J. *Trust transfer on the world wide web*［J］. *Organization Science*, 2003, 14 (1): 5-17.

④ SEZEN B, YILMAZ C. *Relative effects of dependence and trust on flexibility, information exchange, and solidarity in marketing channels*［J］. *Journal of Business & Industrial Marketing*, 2007, 22 (1): 41-51.

隐瞒的融资者，因此较难获得投资者的支持。事实上，不愿意公开地理位置的融资者的融资成功率约为 43.72%，而选择公开地理位置的融资者的融资成功率为 48.52%，其中的差异可以用预期收益的降低来解释。这因此构成了信号传递→预期收益调整→认知过程→投资行为的影响路径（即 F→A、F→B→C 和 F→B→D→A）。

4.4.2　基于个人偏好歧视理论的静态本地偏好的解释

线下市场因地理因素限制，存在沟通、签约、监督等较高成本，因此已证实存在本地偏好现象。然而，针对线上交易，尤其是众筹市场，关于本地偏好的研究却相对匮乏。最相关的是对投资者来源的分析[①]，该研究发现，在众筹项目的初期融资阶段，投资者主要为融资者的亲朋好友及社交网络中的联系人。此研究验证了社会关系网络对投资意愿的影响，但并未深入探究本地偏好。为此，我们将本地偏好划分为国家、区域、个体三个层面，并结合个人偏好歧视理论及众筹项目的特性，对投资偏好进行阐释。

个人偏好歧视理论（theory of taste for discrimination）认为，歧视行为源自个体，是一种个人偏好，而非集体偏好。个体倾向于与特定团体、种族或性别的成员交往，认为歧视源于个人因素而非经济因素。该理论从传统线下市场的角度解释了投资者的行为，但无法充分解释互联网投资者的偏好差异。本章关于在线众筹行为的静态本地偏好为个人偏好歧视理论在互联网投资领域的应用提供了新的解释：①个人偏好歧视理论起作用的原因在于，歧视作为一种社会现象，不遵守社会规则可能导致被所在群体排斥。然而，对在线项目的本地偏好显然并非由"被排斥"的心理因素驱动，投资者不会因

---

① SKIRNEVSKIY V, BENDIG D, BRETTEL M. *The influence of internal social capital on serial creators' success in crowdfunding* ［J］. *Entrepreneurship Theory and Practice*, 2017, 41 (2): 209-236.

投资某个地理位置的项目而被逐出某个群体。因此，在线众筹项目投资行为的本地偏好从心理学和经济角度补充了个人偏好歧视理论在互联网投资中的应用；②个人偏好歧视理论强调社会规则在人际交往中的作用，但在线众筹项目投资行为受社会规则的影响显然较小。因此，有必要重新审视个人偏好歧视理论在众筹融资中的影响路径。

通常，众筹研究涉及四个视角：①平台视角：涵盖众筹社区运营、政策制定、项目质量控制及个性化推荐等；②项目视角：涉及融资目标、融资期限、项目类型等；③融资者视角：包括社会关系、学历、信用及经验等；④投资者视角：包括社会关系、投资偏好、个人偏好歧视等。

静态本地偏好融合多个视角，旨在发现和解释本地偏好现象：①结合投资者与融资者视角，探讨众筹投资行为的本地偏好现象及其经济影响；②结合融资者与项目视角，研究本地偏好的叠加效应及其经济影响。图 4.3 展示了本章的贡献框架。

首先，鉴于互联网的全球性特征，众筹本应不受本地偏好限制。然而，本章证实在国家、州（省）及城市级别均存在显著的本地偏好，影响投资者的决策行为，进而影响融资效果。这一点在现有文献中鲜有提及，本章以确凿证据验证了众筹投资行为的本地偏好，这是本章的一大贡献。

其次，本章从不同层次出发，对投资行为的本地偏好进行研究。在国家层次的研究中，所有投资者均倾向于投资本国的项目，表明国家层次本地偏好对投资行为具有显著影响。在区域层次的研究中，不同区域投资者的本地偏好存在差异，揭示了区域本地偏好的不均衡性。这可能由当地的经济发展水平、文化、习俗、人口、教育等多方面因素导致。更重要的是，个人偏好歧视体现在对特定方面的兴趣和偏好上。在微观研究模型中，采用时序分析模型、截面数据分析模型及距离分析模型，分别分析了本地偏好对投资决策、融资绩效的影响，结果表明本地偏好对众筹项目的融资效果具有显著影响，这是本章的第二大贡献。

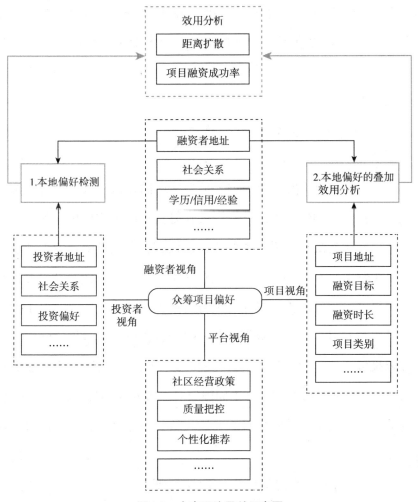

图4.3　本章理论贡献示意图

此外，本章还对本地偏好的叠加效应进行了分析，研究数据包括项目所在地与融资者所在地两项不同数据，为本地偏好的叠加效应研究提供了分析基础。研究发现，当融资者与项目位于不同地区时，项目融资成功率能够得到提升，来自同一州省、城市的投资者比例增加，且投资者与融资者之间的距离缩短，这是本章的第三大重要发现。

最后，本章从信号理论、心理学、行为学和经济学的角度，探讨了在线众筹中本地偏好的影响机理。信号理论为融资者在信号传递过程中信号的可观察性及其影响提供了理论基础。心理学、行为学和经济学则为本地偏好的影响机理提供了路径分析基础，为本地偏好的研究提供了理论解释。

4.4.3 静态本地偏好对管理的启示

首先，为众筹项目融资者提供了项目推广的建议。以往的研究未涉及本地偏好对投资者的影响，因此融资者在筹资期限内难以确定何时、向何人推荐项目能达到最佳效果。本章建议，融资者在项目融资期内应将融资对象聚焦在较小范围内，按照同城、同一州（省）、同一国家及世界范围的顺序依次展开，这有助于提高众筹项目的融资成功率。同时，由于投资者倾向于投资与其母语一致的众筹项目，融资者在进行项目推广时应考虑吸引这部分投资者。然而，某些项目类别（如工艺品）可能不受国家级本地偏好的影响，反而投融双方来自不同国家时更容易获得投资者的资金支持。对于这类项目，投资者可能更喜欢异域风情，因此融资者在推广时应忽视本地偏好。

其次，对众筹平台实现盈利最大化具有实践参考价值。中介费是众筹平台的主要盈利来源，因此众筹平台会尽力促成融资成功。以 Kickstarter 为例，若项目达到筹资目标，平台会收取 8% ~ 10% 的手续费（其中平台收取 5%，支付系统收取 3% ~ 5%）；若未达到筹资目标，则全额退款。为此，在推介项目时，众筹平台可以在推荐模型中加入与投资者本地偏好相关的变量，以提高投资者偏好建模的准确性，并有望提高推荐成功率[①]。

再次，有助于投资者更加理性地评估项目质量。投资者的决策受多种因素影响，本地偏好只是其中之一。但相当多的投资者并未意识到本地偏好对他们判断项目质量的影响。部分投资者由于路径依赖，对本地项目具有本能的高信任度，这种不理性的评价方式可能由投资者心理因素导致。本章研究表明，为了更客观地评价项目质量，投资者需要克服本地偏好对自身判断带来的偏差。

最后，对于金融监管者来说，本章研究也具有管理启示。由于投资者对本地资源的偏好，并会形成相似的投资模式，监管机构可以依据这种投资模式检测异常投资行为。当某些众筹项目的投资者偏离正常的投资模式时，监管机构可以据此进行监控。例如，已有报道称众筹融资已成为洗钱的一种工具[②]，而本地偏好这种模式为众筹融资中的反洗钱监控提供了一种可能的途径。

4.5　本章小结

本地偏好是投资行为的重要特征，对众筹项目的融资绩效具有重要影响。本章首先从国家层次验证了本地偏好的存在，投资者更倾向于投资本国融资者发起的众筹项目。其次，从区域市场层次发现投资者更喜欢投资同州（省）和同城内的众筹项目。最后，从个人层次验证了投资行为的本地偏好及其对融资效果的影响，并通过投资的时序模型、截面数据模型以及距离模

---

① 王伟，陈伟，祝效国，等 . 众筹项目的个性化推荐：面向稀疏数据的二分图模型［J］. 系统工程理论与实践，2017，37（4）：1011-1023.

② ROBOCK Z. *The Risk of Money Laundering Through Crowdfunding: A Funding Portal's Guide to Compliance and Crime Fighting*［J］. *Michigan Business & Entrepreneurial Law Review*, 2014, 4 : 113.

型分析了本地偏好的效用。总的来说，本地偏好对投资决策及项目的融资成功率有显著影响。本章还验证了区域投资行为的叠加效应，即当融资者与项目所在地不相同时，能够获得更高的项目融资成功率。同时，采用个人偏好歧视理论对静态本地偏好进行了解释。研究结论为融资者、投资者、众筹平台和监管机构提供了丰富的启示。

第5章　在线众筹项目投资行为的
动态本地偏好及其对融资效果的影响

在融资初期，投资者与融资者的距离较近；随着融资的进行，这一距离逐渐增加，扩散至更广泛的地理范围。本章主要研究这种距离扩散模式及其对众筹融资绩效的影响。

5.1　动态本地偏好研究差距和研究问题定义

5.1.1　研究差距

众多研究者从成本角度解释了本地偏好现象。例如，当前多企业跨国研发活动日益普遍，企业对本地资源的偏好随规模经济、范围经济、国际研发协调成本及所在国家创新系统的影响而增强。技术领先也与本地偏好息息相关，通常因为母国提供了强有力的知识产权保护，且企业面临国外潜在的知识耗散风险。这一研究结论基于1995—2002年欧洲、美国和日本企业本地

偏好行为的研究 [①]。

在艺术品拍卖市场，本地偏好的扩散效应尤为显著。在其他条件相同的情况下，艺术品在艺术家家乡城市的拍卖价格往往更高，且拍卖价格随距离艺术家故乡城市的增加而呈现下降趋势 [②]。换言之，尽管这些都受本地偏好的影响，但这种偏好还会受到距离的进一步影响，距离的增加导致竞拍者对艺术品的估价逐渐降低。

众筹项目前期的投资者通常来自融资者的亲朋好友或同事同学 [③]，因此在项目融资初期，投资者与融资者的距离往往较近。而随着融资的推进，投资者逐渐扩展至其他区域，本地偏好也随之扩散。这表明本地偏好具有距离扩展的动态特征，然而现有关于本地偏好的研究大多忽略了时间因素，较少对本地偏好的动态距离扩散及其经济影响进行分析。

在线借贷市场中，投资者的行为模式呈现出显著的本地偏好趋势，即投资者更倾向于支持本国、本州（省）及本城市的融资者发起的借贷项目。换言之，投资者更倾向于支持地理位置临近的项目。然而，目前尚无研究对众筹项目投融双方的距离扩散机制进行分析，特别是本地偏好在互联网金融市场的扩散效应，可能呈现出与时间相关联的动态行为模式。

相关研究大多将本地偏好视为静态行为模式进行研究，忽略了其扩散趋势。若将时间因素纳入模型进行研究，可揭示本地偏好如何在投资者中扩散。从融资初期到融资末期，投融双方的距离如何变化？这种本地偏好的距离扩散趋势如何影响众筹项目的融资成功率？在现有文献中，尚未发现关于

———————

① BELDERBOS R, LETEN B, SUZUKI S. *How global is R&D? Firm-level determinants of home-country bias in R&D* ［J］. *Journal of International Business Studies*, 2013, 44 (8): 765-786.

② SHI Y, XU H, WANG M, et al. *Home bias in domestic art markets: Evidence from China* ［J］. *Economics Letters*, 2017, 159 : 201-203.

③ ZENG X, LI Y, LEUNG S C, et al. *Investment behavior prediction in heterogeneous information network* ［J］. *Neurocomputing*, 2016, 217 : 125-132.

含有时间因素的本地偏好距离扩散的类似研究结论。

若在线众筹项目投资行为的本地偏好是静态的，则前期投资者与后期投资者不会存在系统性偏差；相反，若其是动态的，则前期投资者与后期投资者在投资行为上会存在显著差异。本章将重点关注动态本地偏好。

5.1.2　研究问题定义

由于现有研究几乎均为静态行为研究，未将时间因素纳入本地偏好研究中，缺乏关于本地偏好在线金融市场中的距离扩散及其对众筹项目融资效果影响的研究。特别是对于不同类别的众筹项目而言，投资者对不同类别项目的评估标准存在差异，因此其本地偏好的距离扩散趋势也应呈现出相应差异。深入分析不同项目类别下本地偏好的差异及对应的距离扩散趋势的差异，有助于深刻理解投资者在评估不同项目类别时的评价标准差异，进而分析投资者对不同项目类别的行为模式，挖掘投资者行为模式对在线金融的价值。

基于已有研究的不足，本章致力于解决以下科学问题：

（1）众筹投资行为的本地偏好扩散机制是怎样的？不同项目类别的扩散机制是否存在差异？若存在差异，其具体表现是什么？距离扩散机制在众筹项目投资行为中是如何体现的？不同类别的项目是否存在时间上的差异？

（2）投资者本地偏好的扩散是否具有投资者依赖性？即本地偏好的扩散效应是否仅由一部分极端投资者行为导致，还是所有投资者的共同行为？本地偏好强的项目是否意味着距离扩散较慢？哪些类别的项目具有较强的本地偏好特征？这些类别项目与本地偏好较弱项目的差异如何体现？其经济效用有何差异？

（3）不同层次的本地偏好（如国家级、州／省级及区域市场级）的扩散机制是什么？有何差异？这些差异如何影响投资行为？

（4）众筹投资行为的本地偏好扩散对众筹项目融资绩效的影响是什么？即若一个众筹项目在融资初期的投资者就分散在广泛的地理位置上，是有利于还是不利于项目融资成功？距离扩散机制及扩散速率如何影响众筹项目的融资绩效？不同项目类别下的本地偏好对融资绩效的影响有何差异？

（5）本地偏好对众筹项目融资效果预测的影响。既然本地偏好会影响参与众筹项目的投资行为，那么在预测模型中考虑投融双方的地理距离，是否能提高预测模型的准确率？

5.2　动态本地偏好距离扩散模型

5.2.1　动态数据处理

在 Kickstarter 平台上，可以观察到投资者投资项目的先后顺序。通过投资者列表，我们可以按照投资顺序采集到所有投资者的信息，并且便捷地获取投资者的地理位置。这为分析投资者本地偏好的变化提供了基础数据。采用爬虫技术，笔者抓取了所有公开的投资者信息，构建了本章研究的数据库。

在采集的 Kickstarter 数据中，项目来自世界各地，但 Kickstarter 作为美国网站，绝大多数融资者和项目投资者都来自美国。从项目发起者所在国籍和筹资成功率的对比来看，美国项目发起者的项目筹资成功率显著高于其他国家项目发起者的筹资成功率，分别为 48.83% 和 42.45%。因此，在一定程度上，作为美国的网站，投资者在选择投资项目时，会更加倾向于选择来自

美国的众筹项目。根据 Alexa 数据来源，Kickstarter 目前全球排名为 544 名
（美国地区 234 名），主要受众统计如表 5.1 所示。

表5.1　Kickstarter访问数据来源统计

来源国别	所占比例	所在国 Alexa 排名
美国	54.4%	234
英国	4.6%	365
加拿大	3.6%	305
印度	3.3%	1588
俄罗斯	2.0%	1437

5.2.2　动态距离扩散模型

研究模型分为三个层次：国家层次的偏好、区域层次的本地偏好以及个
人层次的本地偏好。其中，区域层次的本地偏好旨在检测某个区域内的投资
者是否更喜欢投资该区域内的项目（例如，来自"圣地亚哥"的项目是否更
容易获得该市投资者的投资）。区域内本地偏好是最能够证明本地偏好存在
的证据，因为国家层次的本地偏好可能受到语言、文化等因素的影响，而区
域内的语言和文化差异显然要小得多。同时，我们还将比较不同项目类别之
间距离扩散的差异。

图 5.1 展示了 Kickstarter 上 13634 个众筹项目的 17024837 次投资行为的
统计结果，以千米为单位计算了投资者与融资者之间的距离，并将投资期限
平均分为 20 期。显然，在第一期，投融双方的平均距离为 3329 千米；随着
时间的推移，投融双方的距离逐渐扩散，到第 20 期时，达到 3956 千米。因
此，在总体数据上，本地偏好呈现出显著的距离扩散现象。

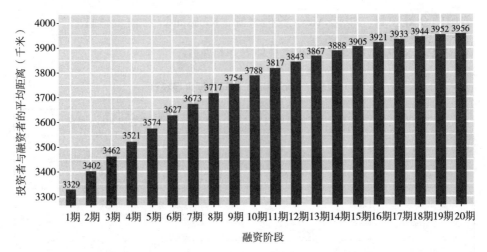

图5.1 分阶段的投资者与融资者之间的平均距离统计

然而，图 5.1 这种粗放的统计结果并不能说明不同项目类别下距离扩散的差异，以及距离扩散对融资绩效的影响。众筹投资行为具有本地偏好，投资者更喜欢投资距离较近的众筹项目。但本地偏好与距离扩散机制本身存在理论差异：本地偏好描述的是个人投资者的投资习惯，而距离扩散机制描述的是广大投资者共同的动态投资行为。因此，需要在更深层次上讨论本地偏好的距离扩散，本书将以汇总的数据为基础进行距离统计和分析。

5.3 研究结果与讨论

5.3.1 本地偏好的扩散

已有研究表明，项目前期的投资者通常是融资者的朋友和家人。因此，在融资周期的前期，投融双方的距离往往比后期更近，因为家人或朋友的地理距离通常比其他投资者近得多。为了更深入地研究这一现象，我们将项目的投资周期分为三期：前期、中期和后期，并考察在不同投资时期投资者与融资者的距离以及距离的变化趋势。

从表 5.2 可以看出，在融资周期分为三期的情况下，投资者与融资者在第一期的平均距离约为 3605 千米，中期平均距离约为 4154 千米，末期平均距离约为 4229 千米，这呈现了典型的距离扩散趋势。然而，表 5.2 并未区分项目的最终融资绩效。表 5.3 则依据项目的融资绩效进行了区分，结果显示，对于融资成功的项目与融资失败的项目，投融双方距离的一个显著趋势是：成功融资的项目在融资前期、中期和后期的平均距离都大于所有项目的投融双方平均距离；而融资失败的项目则恰好相反，其在三个融资时期内的投融双方距离都小于平均距离。

表5.2　分期的距离扩散检测结果

考察维度	前期	中期	后期
同一国家占比	66.79%	58.77%	56.85%
同一州（省）占比	15.83%	10.93%	10.06%
同一城市占比	6.85%	4.03%	3.46%
平均距离（千米）	3605.45	4154.61	4229.83

从项目融资结果的对比来看，融资成功的项目与融资失败的项目在投融双方距离上展示了较大的差异：①在同一时期，成功融资项目的距离均大于融资失败项目的距离；②以 3 个时期（前期、中期和后期）来分析众筹项目投资者与融资者的距离，可以发现这 3 个时期的投融双方距离呈现显著扩散趋势，成功融资的项目与融资失败项目的距离差异分别为 4.28%、5.90%、7.49%；③在不同时期的对比上，成功融资的项目在 3 个时期的距离分别约为 3623 千米、4182 千米和 4262 千米，增速分别为 15.43% 和 1.93%；而融资失败的项目在三个时期的距离分别约为 3468 千米、3935 千米和 3943 千米，增速分别为 13.47% 和 0.21%。可以看出，成功融资的项目在不同时期的

距离增速均大于融资失败的项目。这种现象表明，众筹项目的投融双方距离扩散对项目融资效果可能产生潜在影响。

表5.3　分期融资结果的距离扩散检测结果

考察维度	前期			中期			后期		
	成功项目	失败项目	所有项目	成功项目	失败项目	所有项目	成功项目	失败项目	所有项目
同一国家占比	66.82%	66.56%	66.79%	58.71%	59.27%	58.77%	56.71%	58.12%	56.85%
同一州（省）占比	15.51%	18.36%	15.83%	10.61%	13.47%	10.93%	9.74%	12.92%	10.06%
同一城市占比	6.68%	8.19%	6.85%	3.87%	5.37%	4.03%	3.32%	4.75%	3.46%
平均距离（千米）	3623.21	3467.96	3605.45	4181.62	3935.10	4154.61	4262.31	3943.22	4229.83

表 5.4 展示了不同项目类别分期分项目融资结果的距离扩散检测结果。尽管具体数值存在差异，但大多数众筹项目类别都展示了相似的趋势，即大多数项目类别的距离扩散趋势为：①前期、中期和后期的距离呈现扩散趋势，越到融资的后期阶段，投资者与融资者之间的距离越大；②成功融资项目的距离总是大于融资失败的项目，这表明获得距离较远的投资者的支持对于促进项目成功融资的重要性。

然而，值得注意的是，以下几个类别的众筹项目并不符合距离扩散趋势：舞蹈和戏曲类项目。以舞蹈类项目为例，在 3 个时期成功融资项目与融资失败项目的平均距离对比分别为 1612.88 与 2293.79、1800.24 与 2588.19、1682.55 与 2491.29。这表明对于舞蹈这类众筹项目来说，投资者与融资者的距离较远反而会阻碍项目成功融资。这可能是因为较多舞蹈类项目是针对本地投资者的舞蹈教学以及本地演出。因此，在融资过程中，应重点发展本地投资者。

表5.4　不同项目类别分期分项目融资结果的距离扩散检测结果

项目类别	考察维度	前期			中期			后期		
		成功项目	失败项目	所有项目	成功项目	失败项目	所有项目	成功项目	失败项目	所有项目
游戏	同一国家占比	55.57%	51.64%	55.12%	49.87%	45.94%	49.41%	49.09%	46.10%	48.77%
	同一州／省占比	6.14%	7.87%	6.34%	4.67%	6.09%	4.83%	4.52%	6.15%	4.69%
	同一城市占比	1.33%	2.64%	1.48%	0.83%	1.77%	0.94%	0.82%	1.68%	0.91%
	平均距离	4462.52	4385.29	4453.67	4756.50	4640.72	4743.22	4758.26	4605.06	4741.80
设计	同一国家占比	62.83%	65.02%	63.07%	55.27%	61.25%	55.91%	54.31%	61.95%	55.05%
	同一州／省占比	9.44%	11.96%	9.71%	7.31%	10.03%	7.60%	7.34%	11.03%	7.70%
	同一城市占比	2.94%	4.54%	3.12%	1.96%	3.46%	2.12%	1.94%	3.63%	2.11%
	平均距离	4227.37	3953.16	4197.63	4729.66	4187.61	4672.20	4772.87	4078.87	4705.61
时尚	同一国家占比	72.48%	71.27%	72.33%	67.08%	67.92%	67.17%	65.66%	69.26%	66.02%
	同一州／省占比	14.89%	19.51%	15.45%	10.76%	16.81%	11.40%	11.56%	17.18%	12.13%
	同一城市占比	6.18%	8.56%	6.47%	3.56%	6.60%	3.87%	3.78%	6.41%	4.05%
	平均距离	3410.99	3371.12	3406.13	3816.91	3505.14	3784.29	3792.97	3335.54	3746.83
影视	同一国家占比	74.20%	76.41%	74.50%	67.65%	71.86%	68.18%	65.65%	71.54%	66.30%
	同一州／省占比	25.13%	29.24%	25.68%	19.14%	25.08%	19.88%	18.00%	24.66%	18.74%
	同一城市占比	12.47%	14.91%	12.80%	8.41%	11.61%	8.81%	7.26%	10.87%	7.66%
	平均距离	3009.47	2690.37	2966.58	3471.11	3020.74	3414.40	3583.71	2954.07	3514.30

续表

项目类别	考察维度	前期			中期			后期		
		成功项目	失败项目	所有项目	成功项目	失败项目	所有项目	成功项目	失败项目	所有项目
艺术	同一国家占比	79.85%	78.92%	79.74%	75.69%	77.71%	75.92%	73.54%	77.60%	73.98%
	同一州/省占比	30.01%	30.45%	30.07%	25.18%	27.55%	25.45%	23.45%	27.80%	23.92%
	同一城市占比	15.86%	15.86%	15.86%	12.36%	13.31%	12.47%	11.02%	12.25%	11.15%
	平均距离	2378.23	2453.56	2387.60	2750.34	2548.31	2726.96	2826.84	2468.01	2788.04
科技	同一国家占比	57.40%	59.08%	57.59%	50.36%	53.78%	50.73%	47.12%	54.77%	47.94%
	同一州/省占比	9.19%	10.52%	9.34%	6.97%	8.34%	7.12%	6.31%	9.13%	6.61%
	同一城市占比	2.35%	3.40%	2.47%	1.53%	2.60%	1.65%	1.39%	2.67%	1.53%
	平均距离	4485.08	4272.13	4461.28	4909.30	4655.70	4881.88	5016.61	4496.68	4960.88
出版业	同一国家占比	74.24%	76.18%	74.49%	68.48%	73.65%	69.04%	66.80%	74.11%	67.51%
	同一州/省占比	18.19%	22.07%	18.70%	13.86%	19.13%	14.43%	12.68%	19.52%	13.35%
	同一城市占比	8.59%	9.34%	8.69%	5.82%	7.49%	6.00%	5.08%	7.60%	5.33%
	平均距离	2809.71	2820.77	2811.15	3214.72	3048.87	3196.64	3259.30	3009.40	3234.86
新闻业	同一国家占比	70.84%	60.01%	69.61%	67.85%	60.13%	67.14%	63.52%	64.71%	63.62%
	同一州/省占比	22.80%	15.86%	22.01%	18.39%	19.20%	18.46%	19.23%	21.12%	19.39%
	同一城市占比	12.63%	8.02%	12.10%	8.55%	10.80%	8.76%	9.22%	10.43%	9.33%
	平均距离	3048.37	3307.39	3077.88	3388.19	3162.38	3367.36	3452.56	3143.83	3425.91

续表

项目类别	考察维度	前期			中期			后期		
		成功项目	失败项目	所有项目	成功项目	失败项目	所有项目	成功项目	失败项目	所有项目
食品	同一国家占比	88.51%	89.95%	88.73%	83.97%	87.24%	84.45%	84.80%	87.99%	85.25%
	同一州／省占比	34.71%	39.72%	35.49%	26.65%	33.08%	27.60%	29.14%	34.38%	29.87%
	同一城市占比	17.73%	18.97%	17.93%	12.40%	14.68%	12.74%	13.05%	13.79%	13.15%
	平均距离	1939.31	1649.43	1894.13	2391.96	1915.73	2321.52	2268.64	1833.98	2208.31
舞蹈	同一国家占比	87.07%	80.08%	86.56%	85.38%	77.44%	84.79%	84.89%	76.10%	84.20%
	同一州／省占比	46.40%	34.39%	45.53%	41.81%	35.52%	41.35%	41.75%	32.72%	41.04%
	同一城市占比	26.23%	17.94%	25.63%	22.53%	18.83%	22.26%	22.35%	15.44%	21.80%
	平均距离	1612.88	2293.79	1662.31	1800.24	2588.19	1858.15	1682.55	2491.29	1746.57
漫画	同一国家占比	73.43%	71.77%	73.31%	66.34%	67.15%	66.40%	65.46%	67.23%	65.56%
	同一州／省占比	10.63%	15.92%	11.03%	8.29%	13.10%	8.62%	8.28%	14.07%	8.63%
	同一城市占比	3.96%	6.26%	4.13%	2.78%	4.99%	2.93%	2.65%	4.85%	2.78%
	平均距离	3235.78	3211.13	3233.94	3708.78	3488.40	3693.52	3718.16	3295.60	3692.99
摄影	同一国家占比	69.31%	73.12%	69.94%	65.28%	69.07%	65.90%	64.77%	68.96%	65.44%
	同一州／省占比	22.31%	23.52%	22.51%	18.32%	18.82%	18.40%	18.18%	19.74%	18.43%
	同一城市占比	10.82%	11.45%	10.92%	8.14%	8.38%	8.18%	8.21%	8.96%	8.33%
	平均距离	3371.64	3003.02	3310.90	3644.95	3279.59	3585.28	3529.15	3135.36	3466.06

项目类别	考察维度	前期			中期			后期		
		成功项目	失败项目	所有项目	成功项目	失败项目	所有项目	成功项目	失败项目	所有项目
音乐	同一国家占比	83.56%	84.18%	83.61%	78.20%	81.16%	78.40%	77.68%	80.74%	77.89%
	同一州/省占比	31.32%	35.77%	31.67%	26.08%	32.93%	26.56%	25.73%	33.29%	26.23%
	同一城市占比	15.45%	17.48%	15.61%	11.41%	15.07%	11.67%	10.50%	13.90%	10.73%
	平均距离	2065.35	1946.19	2056.07	2465.98	2162.47	2444.73	2464.07	2120.92	2441.44
戏剧	同一国家占比	88.32%	84.92%	87.95%	87.17%	86.24%	87.08%	86.02%	85.46%	85.97%
	同一州/省占比	47.13%	42.30%	46.61%	45.00%	44.30%	44.93%	45.32%	44.40%	45.23%
	同一城市占比	26.84%	20.12%	26.11%	24.78%	20.37%	24.32%	23.91%	19.59%	23.51%
	平均距离	1419.96	1625.52	1442.23	1524.70	1574.89	1529.87	1517.87	1457.57	1512.33
手工艺品	同一国家占比	76.68%	81.12%	77.30%	73.10%	77.96%	73.69%	70.95%	82.09%	72.26%
	同一州/省占比	13.60%	22.04%	14.79%	10.82%	15.59%	11.40%	12.26%	20.33%	13.22%
	同一城市占比	5.16%	7.69%	5.52%	3.21%	5.55%	3.49%	3.65%	6.98%	4.04%
	平均距离	3019.03	2633.47	2965.00	3293.21	2798.33	3233.05	3431.80	2546.12	3327.43

5.3.2 国家级本地偏好扩散模型与融资效果

在上一节中，我们将融资时间划分为 3 个阶段，已经能够明显看到投资者的本地偏好距离扩散趋势，但该分析还不够细致。过于粗略的时间划分可能忽略了不同阶段距离扩散的细微变化。因此，本书继续对时间进行细分，并检测结果。笔者将投资时间分为 20 段，分别统计成功项目与失败项目在距离扩散上的差异。

图 5.2 展示了国家级本地偏好的距离扩散趋势。国家级本地偏好是指投资者与融资者来自同一国家的比例，该比例越大表明投资者越倾向于投资本国的项目，即国家级本地偏好越显著。综合来看，Kickstarter 上的投资行为呈现显著的国家级本地偏好现象，且成功融资的项目与融资失败的项目存在显著差异，即融资成功项目的国家级本地偏好更弱，说明融资成功的项目能够获得更多国外投资者的支持。

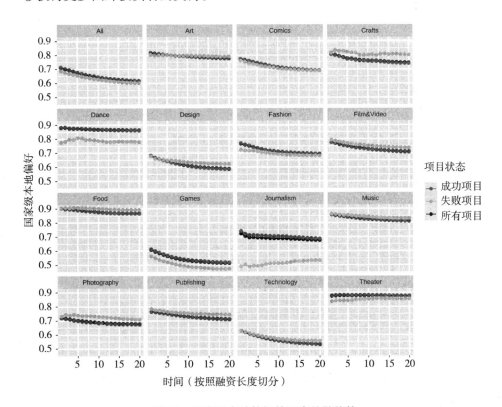

图5.2　国家级本地偏好的距离扩散趋势

对于不同的项目类别也呈现显著差异。例如，科技类项目的本地偏好曲线非常陡峭，而戏剧类项目的本地偏好曲线非常平坦。这意味着科技类项目在融资初始阶段获得了较多本国投资者的支持，而随着融资的进行，投资者逐渐扩展到全球范围内。事实上，在第 20 期时，科技类项目的国家级本地偏好为 0.54，即约有 46% 的投资者来自与融资者不同的国家。相反，戏剧类项目几乎没有呈现国家级本地偏好的显著差异，其第 1 期的国家级本地偏好为 0.84，而第 20 期的本地偏好为 0.86，这表明绝大多数戏剧类项目的投资者均来自与融资者相同的国家。

另外一个值得一提的现象是：食品类项目的他国歧视最显著，即约 90% 的投资者只会投资本国的食品项目；而与之对应的是游戏类项目最国际化，游戏类项目的投资者约有 50% 来自与融资者不同的国家。

5.3.3 州（省）级本地偏好扩散模型与融资效果

不得不承认，图 5.3 的分析存在不公平性，因为 Kickstarter 是来自美国的网站，其大部分投资者与融资者也必然来自美国，存在数据不均衡问题。因此，图 5.3 的结果本身带有偏见。为了克服这种偏差，我们从数据中去除了来自美国以外的所有投资者与融资者，只保留美国本地的投资者与融资者进行更深入的分析，即州（省）级的本地偏好分析。州（省）级本地偏好分析指投资者与融资者来自同一州（省）的比例。图 5.3 展示了州（省）级本地偏好距离扩散趋势。

从图 5.3 可以得到一些显著不同于国家级本地偏好的结论：①对于所有类别的众筹项目来说，成功融资项目与融资失败项目的州（省）级本地偏好曲线都存在差异，没有出现高度重合的情况；②在某些项目类别中，融资失败项目的州（省）级本地偏好曲线位于成功融资项目的州（省）级本地偏好曲线的上方，例如漫画、时尚、手工艺品等；而有些项目则相反，例如舞蹈、新闻业、戏剧等项目。这表明不同项目类别之间，本地偏好的距离扩散效应存在差异；③总的来说，州（省）级本地偏好曲线都比较平缓，但在食品类、摄影、印刷、影视类众筹项目中，州（省）级本地偏好曲线下降较快，这表明在这些项目类别中，投资者的州（省）级距离能够快速蔓延。

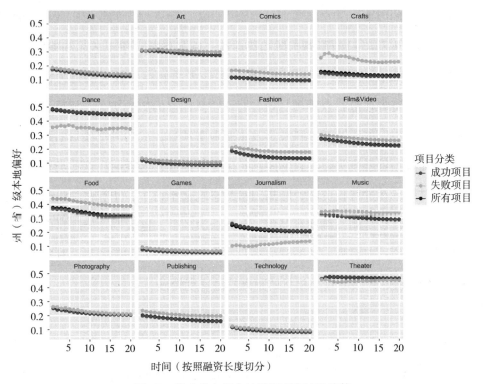

图5.3　州（省）级本地偏好距离扩散趋势

5.3.4　城市级本地偏好扩散模型与融资效果

如果继续细分，考察投资者与融资者是否来自同一城市的话，可以得到城市级本地偏好的距离扩散效应，如图 5.4 所示。从图 5.4 可以得到以下结论：①总的来说，城市级本地偏好显示出显著的递减趋势；②不同项目类别的城市级本地偏好在成功融资项目与融资失败项目之间呈现较大差异。例如，艺术、漫画、手工艺品、设计、时尚等项目类别中，融资失败项目的距离扩散趋势曲线位于融资成功项目的上方。换言之，这些类别的项目要融资成功，需要有更强本地偏好的投资者参与。相反，对于舞蹈、新闻业、戏剧等类别的项目，成功融资项目的距离扩散趋势曲线位于融资失败项目的上方，这表明对于这些类别的项目来说，获得更远距离的投资者支持是促使项目成功融资的因素；③在某些项目类别中，成功融资项目的距离扩散趋势曲线远离融资失败项目的距离扩散趋势曲线，例如舞蹈、手工艺品和戏剧等，表明这类项目在成功融资与融资失败的参与者之间存在较大的行为模式差异，这些投资者在进行众筹项目投资时，距离因素的影响更大。相反，在另外一些项目中，如游戏类、科技类及出版业类项目，成功融资项目的距离扩散趋势曲线贴近融资失败项目的距离扩散趋势曲线，这表明在这些类别的项目中，投资者在进行投资时，距离因素的影响会小得多；④有些项目类别的距离扩散曲线较陡峭，例如食品类、新闻业类项目，这表明这类项目的距离扩散速度较快；而另外一些类别的项目，如游戏类、戏剧类项目，其距离扩散曲线较平缓，这表明这类项目的距离扩散速度较慢。

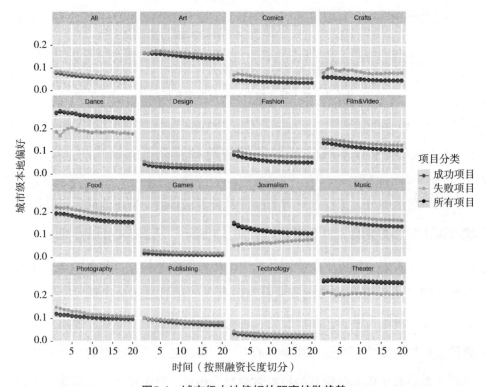

图5.4　城市级本地偏好的距离扩散趋势

5.3.5　跨项目类别的距离扩散模型比较

若以距离来衡量投资者与融资者的本地偏好，并深入分析投资者与融资者之间的距离是如何变化或保持的，可得到图 5.5 所示的结果。就所有项目而言，第 1 期投资者与融资者的平均距离为 3329 千米，而第 20 期的平均距离增至 4131 千米，呈现出显著的扩散趋势。

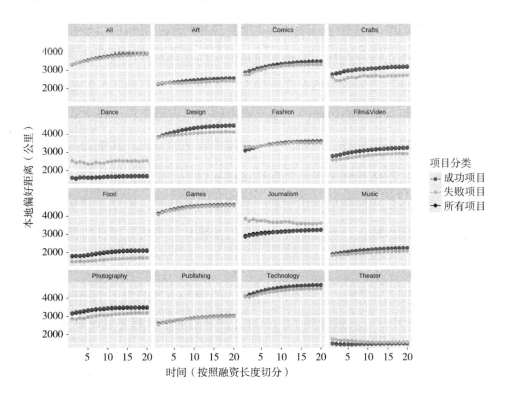

图5.5　不同项目类别的距离扩散趋势

从图 5.5 可得出以下结论：①总体来看，所有项目的距离呈现上升趋势，在融资期限的前期和中期增长速度较快，而在后期增长速度放缓，这表明在融资的最后阶段，投资主要来自距离较远的投资者；②从不同项目类别的距离扩散来看，成功融资项目与融资失败项目之间存在显著差异。例如，游戏、新闻业等项目类别中，融资失败项目的距离扩散趋势曲线位于融资成功项目之上，即这些类别的项目要成功融资，需要更多本地投资者的参与。相反，对于手工艺品、食品、摄影等类别的项目，成功融资项目的距离扩散趋势曲线位于融资失败项目之上，这表明对于这些类别的项目而言，获得远距离投资者的支持是项目融资成功的重要因素；③对于游戏、印刷等类别的众筹项目，成功融资项目和融资失败项目的距离扩散趋势曲线几乎重合，这表明从这些类别的众筹项目的投融双方距离来看，并不能显著影响融资绩效。然而，这并不意味着距离扩散趋势对众筹项目的融资没有影响，因为游戏、印刷等项目的距离扩散趋势曲线是上升的，即投资者与融资者之间的距离在逐渐增大；④戏剧类项目的距离扩散趋势最为特殊，其距离扩散趋势曲线几乎呈水平线，这可能是因为许多戏剧类项目都涉及本地售票业务。例如，一个在纽约表演的戏剧，其投资者大多来自纽约附近，因此戏剧类项目呈现出这种较极端的距离扩散趋势；⑤从投资者与融资者之间的距离对比来看，游戏类、科技类、设计类等众筹项目的投融双方距离较大，而戏剧类、音乐类及视频类等众筹项目的投融双方距离较小。

对于不同众筹项目，在国家级、州（省）级以及城市级的本地偏好综合对比如图5.6所示，可以看到不同项目类别的距离扩散趋势呈现显著差异。具体来说：①国家级本地偏好、州（省）级本地偏好以及城市级本地偏好依次递减，这符合逻辑，因为只有处于同一国家才有可能处于同一州（省）。然而，三条曲线的距离差异却呈现出不同的趋势。例如，舞蹈类、戏剧类项目，三条曲线的距离较大，这表明这类众筹项目的投资者具有较强的层次性差异；而在漫画、设计等项目类别中，州（省）级和城市级本地偏好曲线较为接近，而远离国家级本地偏好，这表明这类项目的投资者具有较强的国家级本地偏好，而对州（省）级和城市级本地偏好的关注度不足；②一般来说，国家级本地偏好呈现显著的下降趋势，而城市级本地偏好几乎呈水平线，这表明城市级本地偏好处于比较稳定的状态。

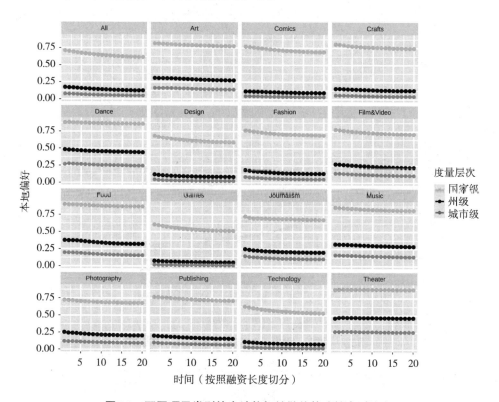

图5.6　不同项目类别的本地偏好扩散趋势（综合对比）

　　图 5.7 展示了在不考虑项目类别的前提下，国家、地区、城市的本地偏好扩散趋势。显然，在国家级、州省级、城市级的本地偏好呈现出不同趋势的扩散。对于国家级本地偏好而言，其扩散趋势较快，呈现快速下降的趋势，同时国家级本地偏好最为显著，明显远离州省级本地偏好和城市级本地偏好曲线。换言之，投资者更倾向于投资来自与自身同一个国家的众筹项目。

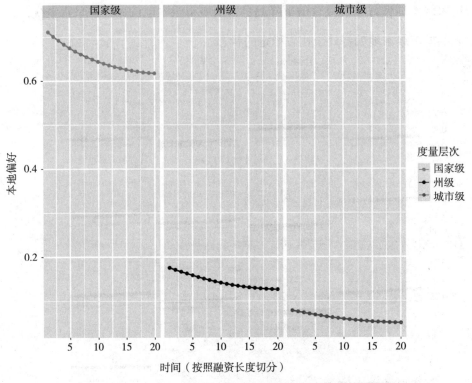

图5.7 国家、地区、城市的本地偏好扩散趋势

5.3.6 动态本地偏好对融资效果的影响

图 5.8 展示了同一国家、地区、城市的本地偏好扩散趋势。可以看到，在将融资周期平均分为 20 期的情况下，国家级本地偏好的下降最为显著，而州省级本地偏好和城市级本地偏好的下降趋势则不如国家级本地偏好那么明显。

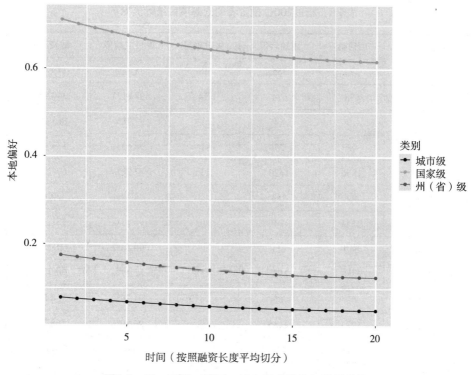

类别
—●— 城市级
—●— 国家级
—●— 州（省）级

时间（按照融资长度平均切分）

图5.8　同一国家、地区、城市的本地偏好扩散趋势

在之前的章节分析中，本书采纳了所有的众筹项目，但有些众筹项目的投资者非常少，这部分投资者的数量不足以用于距离扩散趋势的分析。因此，在计量检测模型中仅分析被支持200次以上的项目。选择被支持超过200次的众筹项目的原因在于：①支持超过200次的项目能够保持比较稳定的趋势，较好地展示本地偏好的扩散过程；②支持超过200次的项目能够更好地体现投资者的投资行为模式和趋势；③这些项目更能够展示项目投资行为本地偏好的扩散过程和路径。

表5.5展示了超过200位投资者的众筹项目统计信息，这些项目的总体融资成功率为89.81%，这是因为如果投资者较多，那么融得的资金也必然较多，因此项目的融资成功率也越高。而对于这部分项目而言，平均融资进度达到229%。对于出版业和游戏类项目而言，其融资进度均超过了2900%，即实际筹得的资金是计划融资金额的29倍以上。

表5.5 超过200位投资者的众筹项目统计信息

项目类别	项目数	成功项目	失败项目	融资成功率	融资进度
艺术	373	355	18	95.17%	343.46%
漫画	638	624	14	97.81%	340.96%
手工艺品	45	44	1	97.78%	863.97%
舞蹈	28	27	1	96.43%	133.43%
设计	1856	1620	236	87.28%	626.10%
时尚	406	383	23	94.33%	429.10%
影视	2143	1940	203	90.53%	131.37%
食品	649	611	38	94.14%	1104.05%
游戏	2583	2125	458	82.27%	2964.37%
新闻业	69	65	4	94.20%	168.04%
音乐	1223	1185	38	96.89%	168.25%
摄影	180	174	6	96.67%	201.67%
出版业	846	810	36	95.74%	2995.66%
科技	1059	897	162	84.70%	470.68%
戏剧	188	174	14	92.55%	119.63%
合计	12286	11034	1252		

表5.6 超过200位投资者的众筹项目的本地偏好统计信息

考察维度	同一国家占比	同一州（省）占比	同一城市占比	平均距离（千米）
游戏	50.44%	5.01%	0.95%	4711.42
设计	57.78%	7.83%	2.14%	4574.36
时尚	67.93%	10.63%	3.43%	3763.48
影视	66.77%	16.35%	6.59%	3695.94
艺术	73.41%	19.25%	8.40%	3071.91
科技	52.28%	7.53%	1.67%	4803.14
出版业	67.46%	11.61%	4.65%	3292.54

续表

考察维度	同一国家占比	同一州（省）占比	同一城市占比	平均距离（千米）
新闻业	67.53%	18.38%	9.33%	3330.37
食品	84.29%	26.92%	12.87%	2411.73
舞蹈	87.39%	40.67%	23.88%	1663.31
漫画	67.94%	7.65%	2.37%	3646.38
摄影	64.76%	15.38%	6.66%	3813.09
音乐	74.54%	15.21%	6.03%	2947.12
戏剧	83.66%	42.58%	21.83%	1796.35
手工艺品	71.06%	8.33%	1.62%	3631.64
平均值	57.62%	8.70%	2.74%	4314.48

表 5.6 展示了超过 200 位投资者的众筹项目的本地偏好统计。从国家级本地偏好来看，舞蹈类项目、食品类项目和戏剧类项目有 80% 以上的投资者来自与融资者同一国家，这些项目的本地偏好现象尤为明显。而对于科技类项目、游戏类项目，国家级本地偏好均在 50% 左右，即这些类别的项目中约有 50% 的投资者来自其他国家，这些类别项目的本地偏好不显著。类似地，州（省）级本地偏好和城市级本地偏好呈现相似的趋势，此处不再赘述。

就投资者与融资者之间的距离而言，舞蹈类项目和戏剧类项目的投融双方距离均小于 2000 千米，而游戏类项目和设计类项目的投融双方距离均大于 4000 千米。这些投融双方距离差异达到一倍以上的众筹项目表明了众筹项目本地偏好在不同项目类别下的扩散差异。

项目状态模型的截面数据检测结果如表 5.7 所示，可以看到国家级、州（省）级以及城市级的本地偏好对项目融资结果的影响依次递增，换句话说，如果一个项目较多地获得来自同一个城市的投资者的投资，那么该项目更容易融资成功。而对于投资者与融资者的距离来说，距离越近，项目越容易融资成功，其影响系数为 -0.1125***，系数为负数表明距离变量对项目的融资结果具有负面影响，即距离越远越不容易融资成功，这与国家级、州（省）级以及城市级的本地偏好是一致的。

表5.7 超过200位投资者的截面数据检测结果（logit，项目状态模型）

变量	国家级	州（省）级	城市级	距离
updates_count (ln)	1.613***	1.608***	1.606***	1.608***
comment_count (ln)	0.0152***	0.0179***	5.5e-04	0.0212***
project_goal (ln)	−2.263***	−2.28***	−2.272***	−2.266***
funding_lastdays (ln)	−0.2458***	−0.2507***	−0.2511***	−0.26***
pledge_level_number (ln)	−0.2517***	−0.2313***	−0.2266***	−0.2383***
is_video	0.6969***	0.6712***	0.6731***	0.6885***
preceding_project_number (ln)	−0.0551***	−0.0399***	−0.0396***	−0.0401***
facebook_followers_number (ln)	0.0428***	0.0433***	0.0439***	0.0427***
max_pledge_money (ln)	0.1578***	0.161***	0.161***	0.1583***
min_pledge_money (ln)	0.0817***	0.0813***	0.0817***	0.0807***
avg_pledge_money (ln)	0.5878***	0.5769***	0.581***	0.577***
same_country	0.6095***			
same_state		0.8382***		
same_city			0.9253***	
distance (ln)				−0.1125***
constant	17.07***	17.53***	17.53***	18.32***
Pseudo R2	0.4824	0.4813	0.4788	0.4809
***p < 0.001，**p < 0.01，*p < 0.05				

表5.8 展示了融资进度模型的检测结果，相对于项目状态模型，本地偏好对融资进度的影响要小得多，但所有本地偏好好变量均在 $p < 0.001$ 水平上显著。具体来说，国家级、州（省）级以及城市级本地偏好对项目融资结果的影响依次为 0.0165***、0.0383*** 和 0.0368***。换言之，国家级本地

偏好对融资进度的影响最小，其次是城市级本地偏好，最后是州（省）级本地偏好。这一现象与项目状态模型的检测结果存在差异，这可能是由于融资进度与项目状态之间的差异导致的，只有当融资进度大于等于 100% 时，项目才算融资成功。显然，二者存在计量上的差异，这是导致回归结论不一致的原因。而就距离检测结果而言，距离的回归系数为 -0.0013***，这表明投资者与融资者的距离显著影响众筹项目的融资进度，投资者与融资者的距离越近，该项目的融资进度越大。

表5.8　超过200位投资者的截面数据检测结果（融资进度模型）

变量	国家级	州（省）级	城市级	距离
updates_count (ln)	0.0022***	0.0022***	0.0022***	0.0022***
comment_count (ln)	0.1692***	0.1701***	0.1693***	0.1687***
project_goal (ln)	-0.4548***	-0.4554***	-0.4552***	-0.4553***
funding_lastdays (ln)	-0.0012	-0.0012	-0.0012	9.5e-04
pledge_level_number (ln)	-0.0177***	-0.0174***	-0.0172***	-0.0182***
is_video	-0.0637***	-0.0646***	-0.0644***	-0.0656***
preceding_project_number (ln)	-0.0059***	-0.0056***	-0.0056***	-0.0055***
facebook_followers_number (ln)	-0.0014***	-0.0014***	-0.0013***	-0.0013***
max_pledge_money (ln)	0.0198***	0.0197***	0.0198***	0.02***
min_pledge_money (ln)	0.0215***	0.0216***	0.0216***	0.0216***
avg_pledge_money (ln)	0.1062***	0.1056***	0.1059***	0.1063***
same_country	0.0165***			
same_state		0.0383***		
same_city			0.0368***	
distance (ln)				-0.0013***
constant	4.169***	4.179***	4.18***	4.188***
R-squared	0.6488	0.6490	0.6488	0.6489
***p < 0.001, **p < 0.01, *p < 0.05				

　　表 5.9 展示了参与投资人数模型的检测结果。从参与投资人数模型的检测结果来看，国家级本地偏好的回归系数并不显著，而州（省）级以及城市级本地偏好对项目融资结果的影响分别为 -0.0207*** 和 -0.0255***，这表明对于超过 200 位投资者的众筹项目而言，来自同一州（省）和同一城市的投资者对于参与投资的人数具有抑制作用。而距离对参与人数的影响显著为正（0.0034***），这表明投资者与融资者之间的距离越远，越能吸引更多的投资者参与项目投资。

表5.9　超过200位投资者的截面数据检测结果（参与投资人数模型）

变量	国家级	州（省）级	城市级	距离
updates_count (*ln*)	0.005***	0.0051***	0.0051***	0.0055***
comment_count (*ln*)	0.155***	0.154***	0.1543***	0.1536***
project_goal (*ln*)	0.0829***	0.083***	0.0829***	0.083***
funding_lastdays (*ln*)	-0.0686***	-0.0687***	-0.0687***	-0.0668***
pledge_level_number (*ln*)	0.0149***	0.0151***	0.015***	0.0139***
is_video	0.0323***	0.0326***	0.0325***	0.0291***
preceding_project_number (*ln*)	0.0105***	0.0106***	0.0106***	0.0107***
facebook_followers_number (*ln*)	1.9e-04**	2.2e-04**	2.0e-04**	2.9e-04***
max_pledge_money (*ln*)	-0.0013***	-0.0012***	-0.0012***	-0.0011***
min_pledge_money (*ln*)	0.0033***	0.0033***	0.0033***	0.0033***
avg_pledge_money (*ln*)	-0.0115***	-0.0111***	-0.0112***	-0.0111***
same_country	3.2e-04			
same_state		-0.0207***		
same_city			-0.0255***	
distance (*ln*)				0.0034***
constant	4.902***	4.904***	4.904***	4.878***
R-squared	0.2718	0.2720	0.2719	0.2719
***$p < 0.001$, **$p < 0.01$, *$p < 0.05$				

　　表 5.10 展示了筹资金额模型的检测结果。筹资金额模型与项目状态模型的检测结果一致，国家级、州（省）级和城市级本地偏好对项目融资结果的影响依次递增。而距离对筹资金额的影响显著为负（-0.0085***），即投资者与融资者的距离越近，筹得的资金越多。这一现象可能的解释是：由于早期的投资者通常来自融资者的朋友或家人[①]，这部分投资者尽管参与了众筹项目的早期投资，但表 5.11 的回归分析结果却显示：这部分投资者投资的金额有限，如果以参与人数来估计的话，这部分投资者对参与人数的提升具有显著作用（0.0034***，见表 5.9），而以筹资金额来度量的话，则拉低了筹资金额（-0.0085***，见表 5.10）和平均融资进度（-0.0013***，见表 5.8）。换言之，朋友和家人虽然参与了投资，投资者人数增加了，但每个人投资的平均金额却降低了。

表5.10　超过200位投资者的截面数据检测结果（筹资金额模型）

变量	国家级	州（省）级	城市级	距离
updates_count (ln)	0.0919***	0.092***	0.0921***	0.0921***
comment_count (ln)	0.2173***	0.2184***	0.2165***	0.2171***
project_goal (ln)	0.2837***	0.2822***	0.2826***	0.2826***
funding_lastdays (ln)	0.0235***	0.0233***	0.0233***	0.0254***
pledge_level_number (ln)	-0.0199***	-0.0184***	-0.018***	-0.0198***
is_video	0.0058***	0.0032*	0.0036**	0.0032*
preceding_project_number (ln)	-0.013***	-0.0117***	-0.0117***	-0.0115***
facebook_followers_number (ln)	0.0044***	0.0045***	0.0046***	0.0046***
max_pledge_money (ln)	0.0378***	0.0378***	0.0381***	0.0382***
min_pledge_money (ln)	0.0343***	0.0344***	0.0344***	0.0345***

---

① AGRAWAL A, CATALINI C, GOLDFARB A. *Crowdfunding: Geography, social networks, and the timing of investment decisions* [J]. *Journal of Economics & Management Strategy*, 2015, 24 (2): 253-274.

续表

变量	国家级	州（省）级	城市级	距离
avg_pledge_money (ln)	0.1436***	0.1423***	0.143***	0.1432***
same_country	0.0624***			
same_state		0.0935***		
same_city			0.0951***	
distance (ln)				−0.0085***
constant	5.164***	5.206***	5.21***	5.268***
R-squared	0.5043	0.5044	0.5036	0.5035
***p < 0.01, **p < 0.05, *p < 0.1*				

表 5.11 展示了距离扩散效应在不同项目类别下的效应检测（采用 logit 模型），在该表中，因变量为项目的融资效果（dummy variable）。可以看到，项目类别之间呈现了较大的差异性，就平均距离的效用而言，几乎所有类别下的项目，距离因素的影响都是负面的。而对于不同时期的距离变量来说，其差异性较大。例如，对于影视类项目，三期距离的影响系数分别为 0.0109、0.0181* 和 0.0323***，均为正面，这表明对于这类项目的距离扩散效应而言，较大的投融距离反而能够刺激项目融资成功。而对于设计类项目来说，三期距离的影响系数分别为 −0.0041、−0.1312*** 和 −0.0431*，均为负面，这表明对于设计类项目来说，距离会阻碍投资者参与众筹项目的投资。

表5.11　距离扩散效应在不同项目类别下的效应检测（logit模型）

项目类别	前期距离	影响系数	中期距离	影响系数	后期距离	影响系数	平均距离	影响系数
艺术	2387.60	0.0053	2726.96	-0.0426**	2788.04	0.0064	2554.18	-0.1179*
漫画	3233.94	0.3964**	3693.52	0.0863*	3692.99	0.0207	3490.72	-1.027***
手工艺品	2965.00	0.7065**	3233.05	-4.0e-04	3327.43	-0.0203	3118.54	-0.9272**
舞蹈	1662.31	0.0306	1858.15	-0.0156	1746.57	-0.0062	1725.06	-0.0737
设计	4197.63	-0.0041	4672.20	-0.1312***	4705.61	-.00431*	4459.69	-0.5356***
时尚	3406.13	-0.0771	3784.29	-0.0422	3746.83	-0.0104	3587.02	-0.0969
影视	2966.58	0.0109	3414.40	0.0181*	3514.30	0.0323***	3186.12	-0.1024***
食品	1894.13	0.0191	2321.52	-0.0493**	2208.31	0.0248	2070.16	-0.2213**
游戏	4453.67	0.0296	4743.22	-0.2085***	4741.80	-0.0114	4624.92	-0.79***
新闻业	3077.88	0.2435	3367.36	0.0808	3425.91	0.0849	3219.66	-0.8908***
音乐	2056.07	0.0663***	2444.73	-0.0136	2441.44	0.0062	2218.49	-0.1021***
摄影	3310.90	-0.0907	3585.28	-0.026	3466.06	-0.0031	3413.80	0.0294
出版业	2811.15	-0.0251	3196.64	-0.0185	3234.86	0.0258*	3005.91	-0.1857***
科技	4461.28	0.109	4881.88	0.0604	4960.88	-0.0998***	4702.25	-0.6085***
戏剧	1442.23	0.0312	1529.87	-0.0094	1512.33	0.0137	1474.79	-0.0049

***p < 0.01，**p < 0.05，*p < 0.1

　　总的来说，在项目状态模型中，仅前期距离与融资结果呈显著负相关；而在融资进度模型中，则未发现显著影响。对于参与投资人数模型，仅后期的距离与项目融资结果具有显著正相关，这表明在第三期，投融双方的距离越大，反而越能吸引投资者参与投资。至于融资金额模型，其估计结果与项目状态模型基本一致。详见表5.12。

表5.12 距离扩散模型在不同计量模型下的检测结果

变量	项目状态模型	融资进度模型	参与投资人数模型 (ln)	融资金额模型 (ln)
updates_count (ln)	1.353***	0.0347***	0.0207***	0.1196***
comment_count (ln)	0.2537***	0.1241***	0.1334***	0.1677***
project_goal (ln)	−2.697***	−0.39***	0.0903***	0.3389***
funding_lastdays (ln)	−0.1317	−0.0308**	−0.0623***	−0.0127
pledge_level_number (ln)	−0.3805***	−0.0064	0.0286***	−0.0057
is_video	0.8468***	−0.0578***	8.6e−04	−5.3e−04
preceding_project_number (ln)	−0.1485***	−0.0058*	0.0086***	−0.0152***
facebook_followers_number (ln)	0.0227	−8.8e−04	−1.0e−04	0.0036**
max_pledge_money (ln)	0.1071***	0.0108***	−0.0041	0.0206***
min_pledge_money (ln)	0.0622**	0.0185***	0.0032	0.0305***
avg_pledge_money (ln)	0.8728***	0.085***	−0.0131***	0.1387***
distance（前期）	−0.9415***	−4.1e−04	−0.0061	−0.0462***
distance（中期）	−0.0488	−0.0053	−0.0015	−0.0129
distance（后期）	−0.0321	0.0057	0.0184***	0.0034
constant	28.67***	3.838***	4.644***	5.4***
R−squared	0.5095	0.6133	0.2752	0.5218

***$p < 0.01$，**$p < 0.05$，*$p < 0.1$

5.3.7 预测模型

之前的研究主要集中在解释模型，探讨了距离扩散效应对投资者行为的影响。如果本地偏好的距离扩散效应能够提升众筹项目融资预测的准确率，那么这将证明动态本地偏好对投资者参与投资的意愿具有预测能力，进而通过投资者距离的扩散可以在一定程度上辅助预测项目的融资绩效。

预测模型有效的原因在于：如果距离因素会影响投资者的投资行为，那么前期投资者的行为将对后来的投资者产生影响。根据已有研究，项目前期的投资者大多来自融资者的好友或家人。因此，如果一个项目的期初投资者距离较近，可以认为该项目在一定程度上受到了社会关系因素的影响；而当一个项目的期初投资者距离较远时，则可以认为该项目获得了社会关系以外的其他投资者的认可，从而对后来的投资者产生刺激效应，使这类众筹项目更容易获得后续投资者的支持。

由于众筹项目的融资结果只有两种状态：成功或失败，因此分类模型能够较好地处理这类问题。有研究者指出，支持向量机（Support Vector Machine，简称 SVM）是最有效的分类算法之一[①]。因此，在模型 1 中，本书采用 SVM 算法，而在其他模型中则采用线性回归方法。

交叉验证（Cross validation）的目的是确保原始数据集能够以相同的概率被划分到训练集和测试集中，以保证测试的准确性。在预测模型中，本书采用 10 折交叉验证方法，即将数据随机分成 10 份，选择其中的 1 份作为测试集，其余 9 份作为训练集。实验共进行 10 次，计算 10 次实验的均值作为最终的报告结果。

表 5.13 展示了项目融资结果的预测情况。预测模型分为静态模型和动态模型两种。静态模型不考虑本地偏好的变化，即不考虑本地偏好的距离扩散效应的影响；而动态模型则分别将投资者的本地偏好按照融资期限平均分为 3 段和 10 段，考察 3 期本地偏好和 10 期本地偏好对预测结果的影响。

---

① PRASAD S, SAVITHRI T S, KRISHNA I V M. *Comparison of Accuracy Measures for RS Image Classification using SVM and ANN Classifiers* [J]. *International Journal of Electrical and Computer Engineering (IJECE)*, 2017, 7 (3): 1180-1187.

表5.13 项目融资结果预测

模型类别	模型变量	预测准确率
静态模型	Baseline 模型（控制变量）	63.92%
	Baseline + 国家级本地偏好	68.54%
	Baseline + 州（省）级本地偏好	65.06%
	Baseline + 城市级本地偏好	69.50%
	Baseline + 距离	65.65%
动态模型	Baseline + 国家级本地偏好扩散（3 期）	68.55%
	Baseline + 国家级本地偏好扩散（10 期）	72.31%
	Baseline + 州（省）级本地偏好扩散（3 期）	66.52%
	Baseline + 州（省）级本地偏好扩散（10 期）	72.70%
	Baseline + 城市级本地偏好扩散（3 期）	70.33%
	Baseline + 城市级本地偏好扩散（10 期）	73.10%
	Baseline + 距离扩散（3 期）	71.37%
	Baseline + 距离扩散（10 期）	70.04%

　　需要注意的是，Baseline 模型是仅包含控制变量的模型，该模型能够表明在没有本地偏好的"帮助"下，单纯考虑控制变量能够在多大程度上预测项目的融资结果。其预测的准确率较低，仅为 63.92%。值得一提的是，本书样本数据的总体融资成功率为 52%，即如果算法预测所有项目均能成功融资，那么也能达到 52% 的融资成功率。

　　在 Baseline 模型的基础上，考虑国家级本地偏好后，预测的准确率提高了约 5 个百分点，达到 68.54%，提升显著。这表明国家级本地偏好对投资者对众筹项目的投资决策具有重要影响。而州（省）级本地偏好、城市级本地偏好和距离对项目融资成功率的预测准确率分别为 65.06%、69.50% 和 65.65%，这也表明了本地偏好静态模型在提高项目融资成功率预测方面的效用。

　　动态模型的预测效果相较于静态模型有所提高，大部分动态模型的预测结果均超过了 70%。具体来说，国家级本地偏好扩散（3 期）和国家级本地偏好扩散（10 期）的预测成功率分别为 68.55% 和 72.31%。这表明动态分析国家级本地偏好对于融资结果预测的有用性，尤其是时段划分越多，预测的准确性越高。州（省）级本地偏好扩散模型及城市级本地偏好扩散模型也呈现出类似的趋势，此处不再赘述。

　　对于距离扩散模型而言，呈现出了相反的趋势。划分为 3 期的距离扩散模型的预测准确率为 71.37%，而划分为 10 期的距离扩散模型的预测准确率为 70.04%。换言之，3 期本地偏好能更好地捕捉投资者的投资偏好。

5.4　动态本地偏好的讨论

5.4.1　基于心理距离的动态本地偏好的讨论

　　从社会心理学角度看，心理距离是影响投资者亲善行为的主要因素之一。当投资者之间建立了较近的心理距离时，他们更容易产生互动行为，这一点在在线众筹项目投资中表现得尤为显著[1]。有人可能会认为心理距离可以外化为物理距离，即物理距离较近时会导致心理距离也较短。本章对心理距离理论进行了以下扩展：①心理距离表现为在感情、态度和行为上的疏密程度，但在在线众筹项目中，这类心理距离的表现并不明显，更多体现在对收益的评估上；②目前对心理距离的研究多为静态研究，缺乏对心理距离及其

---

① 杨达，刘洪钟 . 心理距离与对外证券投资选择——基于跨国数据的经验研究［J］. 东北大学学报（社会科学版），2018，20（4）：358-365.

导致的行为变化的动态研究。因此，本章加入了时间因素，构建了动态距离对在线众筹影响的模型。

通常认为，心理距离体现在个体对另一个体或群体的亲近、接纳或难以相处的主观感受程度，这由个体的民族、肤色、教育水平、语言、宗教等多方面因素决定。然而，这些讨论往往忽略了一个重要因素：在线众筹项目投资行为中的本地偏好。在在线众筹项目投资中，投资者难以物理接触到融资者，只能通过有限的文本描述来了解融资者的信息，因此很难获取融资者的民族、肤色、教育水平、语言、宗教等详细信息。因此，在线众筹项目投资中的心理距离更多由其他因素决定。本书认为，决定在线众筹项目投资行为心理因素的一个重要因素是本地偏好，即对本地资源的偏好决定了投资者的心理距离，进而影响其投资行为。当融资者的地理位置较远时，投资者的心理距离也会相应增加。将心理距离扩展到在线投资领域，是以往心理距离研究中较少探讨的。

图5.9展示了本章对心理空间距离的拓展示意图，主要从以下几个方面进行了拓展：①动态空间。以往关于心理空间距离的研究通常将距离视为静态变量，而本章将距离的变化视为动态过程，考察投资者的行为变化；②集体协作。通常认为心理空间距离是个人行为，而众筹项目投资具有开放性，是一种集体行为。集体中的其他投资者行为会极大程度地影响个体的心理空间距离；③客体属性。以往的研究较少比较客体之间的差异，但众筹项目涉及多个项目类别，客体属性的差异会影响主体的心理空间距离；④距离变化速率。在众多的众筹项目中，一些类别能够快速吸引远距离的投资者，而另一些项目的扩展速率则极慢，这展示了动态本地偏好的类别差异。

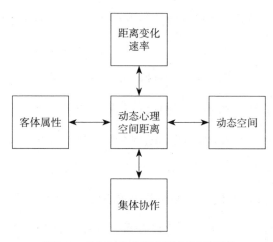

图5.9　对心理空间距离的拓展示意图

对于投资行为距离扩散的探索，目前几乎还没有系统性研究。本章研究表明，随着时间的推移，投资者与融资者的距离会逐渐扩散。在将融资期限分为 3 期的情况下，投资者与融资者在第一期的平均距离是 3605 千米，中期平均距离是 4154 千米，末期平均距离是 4229 千米。如果将投资期限分为 20 段，第 1 期投资者与融资者的平均距离为 3329 千米，而第 20 期的平均距离为 4131 千米，呈现出显著的距离扩散趋势。本章的主要贡献之一在于发现并以确凿的证据证明了众筹投资行为本地偏好的扩散效应。

众筹项目能否融资成功受到多方面因素的影响，本地偏好只是其中之一，但对此影响的系统性讨论还较为缺乏。综合来看，Kickstarter 上的投资行为呈现出显著的国家级本地偏好，而成功融资的项目与融资失败的项目在这一点上存在明显差异，即融资成功项目的国家级本地偏好更弱，能够获得更多国外投资者的支持。不同的项目类别也呈现出显著差异。例如，科技类项目的本地偏好扩散曲线非常陡峭，表明科技类项目在融资初期较多获得本国投资者的支持；随着融资的进行，投资者逐渐扩展到全球范围内。事实上，科技类项目在第 20 期的国家级本地偏好为 0.54，即约有 46% 的投资者来自与融资者不同的国籍。相反，戏剧类项目几乎没有呈现出国家级本地偏好的显著差异，其第 1 期的国家级本地偏好为 0.84，而第 20 期的本地偏好为 0.86，这表明绝大多数戏剧类项目的投资者均来自与融资者相同的国家。食品类项目的他国歧视最为显著，即约 90% 的投资者只会投资本国的食品项目；而游戏类项目则最为国际化，约有 50% 的投资者来自与融资者不同的国家。本章的另一个贡献在于分析了本地偏好距离扩散效应对融资效果的影响。

为了评估本地偏好的距离扩散效应对众筹项目融资效果的经济影响，笔者分别建立了项目状态模型、融资进度模型、参与人数模型（ln）、筹资金额模型（ln）进行检验。为了评价这些解释模型对预测众筹项目融资效果的真实性，采用机器学习算法对项目的融资效果进行预测，并采用多种模型进行比较。检测结果表明，本地偏好的距离扩散对项目的融资效果具有显著影响。但同时也应注意到，在不同的项目类别中，其影响的差异较显著，甚至影响方向都不一致。从经济效用角度研究本地偏好距离扩散对众筹项目融资的影响，是本章的另一个贡献。

从距离扩散的速度来看，有些项目类别的距离扩散曲线较陡峭，如食品类、新闻业类项目，这表明这类项目的距离扩散速度较快，在项目融资的初期就能快速吸引到相当远的投资者，并产生可观的远距离投资。而另一些项目类别的距离扩散曲线则较平缓，如游戏类、戏剧类项目，这表明这类项目的距离扩散速度较慢，远距离的投资者不愿意投资这类众筹项目。从融资成功项目与融资失败项目的差异来看，成功融资项目的距离扩散曲线远离融资失败项目的距离扩散曲线，如舞蹈、手工艺品以及戏剧等项目，这表明这类项目在成功融资与融资失败的投资者之间存在较大的行为模式差异，这些投资者在进行众筹项目投资时，对距离因素的考虑更多，因此本地偏好的影响更大。相反，在一些其他项目中，如游戏类、科技类以及出版业类项目，成功融资项目的距离扩散曲线贴近融资失败项目的距离扩散曲线，这表明在这些类别的项目中，投资者在进行投资时，距离因素的影响力要小得多。

5.4.2　动态本地偏好的管理启示

本章研究证实了动态本地偏好对众筹项目融资绩效的显著影响，并通过实证研究方法证明了动态本地偏好的经济价值。本地偏好作为一种常见的投资者行为模式，在线下市场已被广泛讨论。由于线下市场受到地理位置因素的较大影响，如沟通成本、订立合同成本、监督成本等，因此，线下市场中本地偏好的存在已得到较多研究的证明，并提出了多种理论用于解释这一现象。然而，在线上交易市场中，针对本地偏好的研究相对较少，尤其是在众筹这一新兴互联网金融模式的研究中，动态本地偏好的研究更是匮乏。对于本地偏好的扩散效应，相关研究成果也较为稀缺。通过对 Kickstarter 上136234 个众筹项目的实证研究，本章证实了众筹投资行为中本地偏好的距离扩散效应的存在，并具有显著的经济影响。但这种距离扩散趋势在不同项目类别之间存在极度不均衡。例如，食品类项目存在显著的他国歧视，即投资者更愿意投资本国或本地区的食品类项目；相反，科技类项目的本地偏好影响较小，其投资者会快速扩散到较大范围内。

已有研究较多从行为科学的视角探讨本地偏好，而从经济学视角展开对本地偏好的研究拓展了我们对本地偏好的认识，为融资者和在线众筹平台提供了丰富的管理建议。

首先，本章验证了距离因素对融资效果的显著负面影响，即如果不考虑项目类别，来自距离较远的投资者的参与很可能使项目难以筹集到必需的资金。因此，融资者应尽可能优先向距离较近的投资者推介项目，吸引足够数量的本地投资者才有可能促使项目融资成功。

其次，尽管总体数据证实了本地偏好对融资绩效的正面影响，但本章研究也揭示了项目类别之间的差异。不同项目类别之间，本地偏好的影响呈现不同，尤其是动态本地偏好的影响。这为这类项目的推广和营销提供了以下思路：①对于投资者偏好本国项目的类别，众筹项目上线后应积极向本国投资者进行推广，而不是向他国投资者进行广泛推广；②相反，对于另一些类别，如科技类项目，其扩散速度很快，应积极面向全球范围内的投资者进行推广和营销，以提高众筹项目的融资成功率。

最后，对于在线众筹平台而言，撮合项目投资者与融资者、提高投资参与意愿、尽可能多地吸引投资者所需的众筹资源是其主要目标和收入来源。因此，本章的预测模型对在线众筹平台尤其具有价值。在线众筹平台可以依据项目的历史信息，为融资者提供如何推介项目的建议，并通过历史统计数据量化展示项目对投资者的吸引力，从而提升项目的融资成功率。

5.5 本章小结

本章基于 Kickstarter 投资者行为的本地偏好现象，研究了本地偏好在众筹市场的距离扩散及其对融资效果的影响。在融资初期，投资者与融资者的距离较近；随着融资的进行，投融双方的平均距离从 3605 千米逐渐增加到 4229 千米。然而，本地偏好的扩散在不同项目类别中呈现完全相异的走势。在一些类别的项目中，成功融资项目的距离扩散曲线远离融资失败项目的距离扩散曲线；而在另一些项目中，两条曲线则非常贴近。一些项目的距离扩散曲线比较平缓，而另一些项目的距离扩散曲线则较陡峭。本章研究证实了动态本地偏好是投资者参与众筹项目投资的一个重要因素。对于不同的项目类别，投资者评价标准的差异是导致本地偏好距离扩散效应差异的原因。本章采用动态心理距离对本地偏好的扩散进行了解释，这为融资者与众筹平台推介合适的众筹项目给投资者提供了参照。

第6章　本地偏好的比较性研究：
中美差异以及基于文化背景的解释

前几章对本地偏好的研究主要聚焦于美国众筹平台 Kickstarter 上的静态和动态本地偏好现象，但针对不同市场、国家和区域的本地偏好比较性研究相对较少。此类比较性研究有助于深入理解投资者行为，并为国际关系和政策制定提供参考。

6.1　本地偏好的比较性研究差距以及研究问题定义

6.1.1　研究差距

中国传统文化以农耕文化为基础，深受乡土情结、血缘、姻缘、乡缘、地缘、人缘等因素的影响，形成了强烈的落叶归根、回报家乡的乡土情结①。因此，可以合理推测：在线众筹中，中国投资者由于受到乡土情结的潜移默化影响，可能会表现出非常明显的对本地资源的偏好。

---

① 李彦军，吴迪.情感因素对企业迁移行为的影响研究［J］.管理世界，2016（6）：184-185.

相比之下，以海洋文明为基础的西方商业文明将逐利视为首要目标，更加注重成本、收益、风险等因素。在美国为主要投资者的众筹项目融资模式中，对本地偏好的解释主要来自两个方面：一方面是经济学视角，通常归结为理性与成本考量[①]，即远距离投资可能带来更高的交易成本，包括监督成本、交易成本、协调成本和信息传递成本等，因此，对本地资源的偏好可以视为投资者的理性决策；另一方面是行为学视角，通常归结为情感因素的影响，即空间距离的增加导致投资者心理距离的增加，进而减少投资者的心理依赖。从这个角度看，投资者更倾向于投资距离较近的众筹项目，而排斥距离较远的项目。

然而，西方商业文明下的本地偏好解释难以适用于中国投资者，因为中国投资者深受农耕文化影响。西方商业文明与农耕文化孕育出的投资者行为之间存在巨大差异。不能用中国人的独特乡土情结来解释西方投资者的行为，这构成了理论与现实之间的巨大鸿沟。因此，有必要比较两种文明下投资者行为的差异。如果中国投资者展示出比西方投资者更强的本地偏好，就表明中国的农耕文化、乡土情结对投资者的影响更为显著。在理论上，关于中国投资者本地偏好的对比性研究为国内学者提供了社会学领域的理论依据；在实践上，为不同区域的投资者采取差异化措施提供了启示。

目前的研究至少存在以下不足：①缺乏比较性研究，现有研究通常专注于单一市场，如美国 P2P 市场，但缺乏对同一领域不同市场之间差异的了解；②市场内部差异的比较性研究不足，同一市场内部投资者的行为也存在偏好[②]，但目前关于市场内部偏好差异的比较性研究还较少；③难以解释中美两国在线融资领域投资者对国外或外地项目态度的差异，也缺乏从文化背景角度对这种差异的解释。

① ZENG X, LI Y, LEUNG S C, et al. *Investment behavior prediction in heterogeneous information network* [J]. *Neurocomputing*, 2016, 217 : 125-132.

② WRIGHT D, YANOTTI M B. *Home advantage: The preference for local residential real estate investment* [J]. *Pacific-Basin Finance Journal*, 2019, 57 : 101167.

6.1.2 研究问题定义

当前，中国和美国已成为全球最重要的两大经济体。对两国市场投资者行为的分析有助于深入了解其行为差异，并为互联网金融合作和政策制定提供依据。为了深入探讨中美两国市场投资者本地偏好的差异，本章提出以下研究问题。

（1）国家级本地偏好差异比较。从国家层面分析中国和美国投资者对本国和国外项目态度的差异，这有助于理解两国投资者行为模式的差异以及市场的开放性差异。

（2）分析美国投资者内部和中国投资者内部的本地偏好差异。即探究美国内部是否存在交易地理位置的不均衡性，以及中国投资者内部是否存在交易地理位置的不均衡性。例如，上海投资者是否更偏爱投资上海的项目？美国加州投资者对亚利桑那州项目的态度如何？

（3）通过对比中美两国投资者数据，分析不同文化情境下投资者对本地资源偏好的差异，并从社会学角度进行讨论。在理论上，本书旨在探讨农耕文明和海洋文明孕育下的个体投资者在在线众筹项目投资行为上的差异。当前对本地资源偏好的解释主要集中在经济学和行为学解释上，这两种解释在西方商业文明中是合理的，但忽略了中国投资者在农耕背景下形成的乡土情结对个体投资行为的影响。因此，本书试图从社会学领域出发，完善对中国投资者行为的解释。

6.1.3 基于文化差异的中美本地偏好比较模型

图 6.1 展示了基于文化差异的中美本地偏好比较模型。在本地偏好的比较性研究中，本书将研究对象分为两个层次：文化层和行为层。本书认为，本地偏好的差异主要是由投资者所处的文化背景差异所导致的。中国投资者受到农耕文化的影响，更容易产生乡土情结；而美国投资者受到海洋文化的影响较大，因此更具有开放性思维。基于文化层的差异，进一步产生行为层的差异。在行为层中，本书分别比较了国家级本地偏好的差异以及本地偏好的内部差异，并依据文化层和行为层的差异进行理论解释。

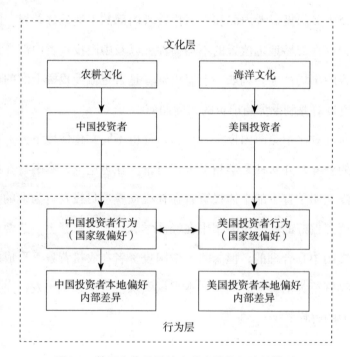

图6.1 基于文化差异的中美本地偏好比较模型

6.2　中国投资者投资数据

6.2.1　中国投资者的数据来源

以往的研究主要采用欧美投资者的数据进行分析，忽视了中国投资者是否存在显著的对本地资源的偏好。为了深入分析中国投资者是否存在对本地项目的投资偏好，本书对中国投资者的本地偏好进行了检测。

研究数据来自点名时间，这是一个针对中国投资者和创业者的基于回报的在线众筹平台，汇集了大量投资者和融资者。通过访问项目发起者的个人展示页面，可以获取该项目发起者所在的地理位置。同样地，由于可以获取投资者列表，依据投资者的 URL 获取了投资者的个人信息及其地理位置。

采用类似 Kickstarter 爬虫的策略，对点名时间上的众筹数据进行了采集，得到了包含地理位置等丰富信息的研究数据。但是，在点名时间上，一部分项目没有标明项目所在的地址，这部分项目对本研究没有意义。因此，在点名时间数据集中，本书只保留了标注了项目地址的项目，而删除了隐匿地理位置的项目。

6.2.2　中国投资者的数据概述

表 6.1 展示了点名时间研究数据统计。本研究一共采纳了来自点名时间上的 347 个众筹项目，其中成功融资的项目为 222 个，占所有项目的比例为 63.98%。这个数字值得与 Kickstarter 上的融资成功率进行对比。在本书采集

到的 Kickstarter 数据集中，其融资成功率约为 48.49%。显然，美国众筹项目的融资成功率比中国的众筹项目低得多，这反映了两国投资者投资热情的差异。另一个可能的原因在于，中国的众筹模式起步较晚，采用这种模式进行融资的项目数量比美国的少得多。

表6.1　点名时间研究数据统计

类别	数量	比例	公告数量	投资者数量	评论数量	融资目标	融资金额	融资进度
融资成功	222	63.98%	38.37	197	2.46	16814.22	46014.55	471.55%
融资失败	125	36.02%	13.32	28	3.09	23296.64	3031.86	19.69%
平均值			29.34	136	2.69	19149.38	30530.87	308.78%

在公告数量、投资者数量等指标上，点名时间上融资成功的项目与融资失败的项目也具有显著差异。与融资失败的项目相比，融资成功的项目具有更多的公告次数，分别为 13.32 次和 38.37 次，即频繁的项目更新有助于项目融资成功。但是，评论数量却相反，融资失败的项目反而具有更多的投资者评论。

值得比较的是投资者数量与融资目标。在点名时间上，成功融资的项目平均吸引到 197 位投资者，融资失败的项目平均吸引 28 位投资者；所有项目的平均投资者数量为 136 位。作为对比，在 Kickstarter 上，每个项目的平均投资者数量为 123 位。换言之，中国的众筹项目的参与者数量略多于美国的。从融资目标上看，融资成功的项目往往比融资失败的项目设置了更低的融资目标，所有项目的总体融资目标为 19149.38 元。作为对比，Kickstarter 上项目的平均融资目标为 20961.79 美元。按照 1:7 的汇率进行换算，中美两国众筹项目的平均融资目标分别为 2720.31 美元和 20961.79 美元。显然，美国众筹项目的融资目标比中国众筹项目的融资目标高得多。

6.3　在线众筹项目投资行为本地偏好的比较性差异

6.3.1　本地偏好的国家级差异

鉴于 Kickstarter 上中国投资者和融资者数量极其有限，但通过爬虫技术可以获取这些有限的数据，本书针对 Kickstarter 上的中国投资者数据进行了以下分析：①探究中国投资者是否存在显著的本地偏好；②若存在本地偏好，中国投资者的本地偏好与其他国家投资者之间是否存在显著差异。为了评估项目资金来源的差异，我们将来自其他地区的投资者与来自本地区的投资者进行对比，并采用公式（6.1）作为国家级本地偏好的基准线。若某个国家的投资者投资数值高于该基准线，则表明该国项目受到本国投资者的支持较多；反之，则表明该国项目筹得的资金较为分散，本地偏好较弱。

$$Baseline = \frac{\sum backer\ country}{\sum project\ country \bigcup \sum backer\ country} \qquad (6.1)$$

图 6.2 展示了项目来源最多的 15 个国家（地区）及投资者的来源对比。其中，纵坐标代表来自其他地区的投资者与来自本地区投资者的比例，虚线为基准线，表示来自其他地区的投资者与来自本地区投资者在数量上相等；虚线上方表示外国投资者多于本国投资者；虚线下方表示本国投资者多于外国投资者。显然，仅在美国的项目中，本国投资者多于其他国家（比例为 0.41，分别为 2109094 和 5176175 次投资行为）。而任何其他国家的项目，外国投资者都比本国投资者多。例如，中国大陆的比例为 120.82（分别

为 32985 和 273 次投资行为）。值得注意的是，在以英语为母语的国家中，其他地区的投资者与本地投资者的比例小得多，如英国为 2.41，澳大利亚为 3.62，加拿大为 4.80。这表明在国家层次上，语言的差异一定程度上影响了本地偏好。对于几乎所有项目，外国投资者与本国投资者比例都远离基准线，这意味着众筹行为在国家层次上呈现显著的本地偏好。

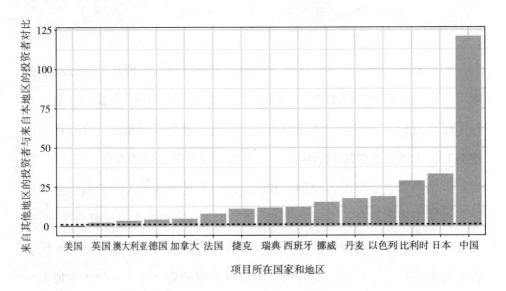

图6.2 来自其他地区的投资者与本地投资者对比

因此，从国家层面看，美国的项目投资者最为开放，他们更愿意投资他国项目，而参与比较的其他国家相对来说更加封闭，即除美国外，其他国家的投资者更倾向于投资本国的众筹项目。从本地偏好的强度上看，参与比较的国家排序为：英国、澳大利亚、德国、加拿大、法国、捷克、瑞典、西班牙、挪威、丹麦、以色列、比利时、日本和中国。换言之，中国投资者对本国众筹项目的偏爱强于参与比较的其他任何国家。这在一定程度上表明了文化对投资行为的影响。中国倡导的落叶归根的乡土情结是其文化的一部分，因此中国投资者具有更强的本地偏好。

6.3.2　中国投资者的本地偏好内部特征

为了深入分析中国投资者本地偏好的内部特征，在获取项目融资者和投资者双方的地理位置后，我们计算了投资者与融资者之间的距离，并分析了本地偏好。采集到的数据见表 6.2。从中国众筹项目的分布来看，大多数项目位于中国的经济发达地区，主要是沿海一线，如北京、广东、上海等地的项目数量较多。

表 6.2　点名时间按照省（市）进行数据统计

项目来源	数量	比例	公告数量	投资者数量	融资金额	融资进度	融资目标
北京	88	25.36%	19.61	112.36	18353.09	164.38	2000
广东	63	18.16%	29.56	120.40	36598.84	387.19	1000
上海	31	8.93%	38.68	211.84	41784.42	646.68	1000
其他	30	8.65%	23.50	251.87	55738.77	122.37	29000
浙江	25	7.20%	47.96	175.72	69705.44	492.92	5000
江苏	14	4.03%	24.43	94.29	24352.71	122.29	8000
福建	11	3.17%	25.09	81.36	10083.36	166.45	5000
山东	9	2.59%	50.33	77.44	20852.11	243.89	8000
四川	9	2.59%	32.78	123.33	42368.11	297.56	4000
辽宁	9	2.59%	45.67	76.33	25462.44	124.56	10000
湖北	8	2.31%	19.00	51.50	4109.50	173.38	10000
湖南	6	1.73%	54.00	57.67	9456.83	92.17	3000
天津	6	1.73%	33.00	41.00	4013.33	96.50	3000
海外	4	1.15%	26.00	147.00	37691.00	263.00	21682
云南	4	1.15%	24.25	180.00	18536.25	145.50	10000

续表

项目来源	数量	比例	公告数量	投资者数量	融资金额	融资进度	融资目标
重庆	4	1.15%	17.50	104.25	13498.75	86.75	18000
安徽	3	0.86%	28.00	35.67	2262.67	146.00	1000
贵州	3	0.86%	38.67	51.33	2194.67	275.00	500
吉林	3	0.86%	9.33	33.67	2521.33	99.33	3000
西藏	2	0.58%	59.50	1329.00	78625.00	7380.00	1000
江西	2	0.58%	3.50	20.50	3307.00	36.50	1300
河北	2	0.58%	3.00	45.00	1050.00	95.00	1000
陕西	2	0.58%	38.50	37.00	1955.00	97.50	2000
黑龙江	2	0.58%	56.00	44.50	3392.50	60.50	6000
青海	1	0.29%	8.00	68.00	10050.00	100.00	10000
香港	1	0.29%	11.00	9.00	670.00	3.00	20000
海南	1	0.29%	8.00	22.00	7410.00	148.00	5000

表6.3 展示了点名时间每个省份的投资者数据统计。从投资者数量上看，来自北京、广东、上海、浙江、江苏、福建等省（市）的投资者占较大比例。中国大多数众筹项目都集中在东部经济发达区域，而广袤的西部地区众筹项目数量则有限。项目所在省份与投资者数量均存在极大的不均衡，在后续分析中需要采用合适的方法来解决这种数据不均衡性带来的影响。

表6.3 点名时间每个省（市）的投资者数据统计

省份	数量	占比	省份	数量	占比
北京	8483	17.84%	河北	702	1.48%
广东	7495	15.76%	云南	680	1.43%
上海	5506	11.58%	江西	564	1.19%
浙江	4090	8.60%	黑龙江	439	0.92%
江苏	2993	6.29%	贵州	411	0.86%

续表

省份	数量	占比	省份	数量	占比
福建	2043	4.30%	吉林	392	0.82%
四川	1867	3.93%	山西	389	0.82%
山东	1458	3.07%	内蒙古	284	0.60%
湖北	1350	2.84%	新疆	280	0.59%
湖南	999	2.10%	甘肃	227	0.48%
重庆	933	1.96%	海南	215	0.45%
天津	910	1.91%	香港	215	0.45%
辽宁	906	1.91%	宁夏	124	0.26%
河南	836	1.76%	西藏	116	0.24%
陕西	822	1.73%	青海	107	0.23%
广西	772	1.62%	澳门	101	0.21%
安徽	743	1.56%	台湾	98	0.21%

为了深入分析中国投资者对本地项目的偏好，本书选择了项目数量最多的 8 个省（市）作为研究对象，这 8 个省（市）分别为：北京、广东、上海、浙江、江苏、福建、四川和山东。表 6.4 展示了这 8 个省（市）的本省（市）投资者比例分析。从本省（市）投资者的比例上看，北京的项目能够吸引最多的北京地区投资者参与，占比约为 27.56%，广东和江苏次之。即北京、广东和江苏的投资者较多投资本地区的项目。

表6.4　项目数量最多的8个省（市）的本省（市）投资者比例分析

项目来源	项目数量	项目的投资者数量	本省投资者数量	本省投资者比例
北京	88	6459	1780	27.56%
广东	63	4206	929	22.09%
上海	31	3860	558	14.46%
浙江	25	2535	339	13.37%

续表

项目来源	项目数量	项目的投资者数量	本省投资者数量	本省投资者比例
江苏	14	1020	184	18.04%
福建	11	606	65	10.73%
四川	9	737	58	7.87%
山东	9	444	18	4.05%

表 6.5 展示了项目数量最多的 8 个省（市）的投资者投资行为分析。可以看到，不同省份的投资人对项目的投资呈现极大的不均衡性，这主要是因为不同地区的项目数量及投资者数据差异造成的。例如，由于众筹项目主要分布在北京、上海、广东等少数省（市），对这几个省（市）的投资自然是最多的。

表6.5 项目数量最多的8个省（市）的投资者投资行为分析

($x\|y$)	北京项目	广东项目	上海项目	浙江项目	江苏项目	福建项目	山东项目	四川项目
北京投资人	1780	623	571	378	151	112	81	120
广东投资人	742	929	445	357	98	77	69	109
上海投资人	638	385	558	314	101	75	53	88
浙江投资人	442	276	377	339	60	51	40	62
江苏投资人	327	205	302	148	184	35	22	40
福建投资人	216	172	120	115	42	65	7	40
山东投资人	224	175	133	64	36	18	18	24
四川投资人	213	121	110	119	32	31	14	58

为了解决数据的不均衡性，引入联合概率分布 $P(X,Y)=P(Y)P(X|Y)=P(X)P(Y|X)$ 进行分析。联合概率分布考虑了数据的不均衡性，为估计中国投资者的本地偏好提供了手段。依据联合概率公式，我们得到了表 6.6 所示的中国投资者在没有本地偏好下的理论概率，该理论概率同时考虑了项目所在地的不均衡性及投资者所在地的不均衡性。

表6.6　中国投资者的在没有本地偏好下的理论概率

（ $x|y$ ）	北京项目	广东项目	上海项目	浙江项目	江苏项目	福建项目	山东项目	四川项目
北京投资人	8.80%	7.77%	5.71%	4.24%	3.10%	2.12%	1.94%	1.51%
广东投资人	6.30%	5.57%	4.09%	3.04%	2.22%	1.52%	1.39%	1.08%
上海投资人	3.10%	2.74%	2.01%	1.49%	1.09%	0.75%	0.68%	0.53%
浙江投资人	2.50%	2.21%	1.62%	1.21%	0.88%	0.60%	0.55%	0.43%
江苏投资人	1.40%	1.24%	0.91%	0.67%	0.49%	0.34%	0.31%	0.24%
福建投资人	1.10%	0.97%	0.71%	0.53%	0.39%	0.26%	0.24%	0.19%
山东投资人	0.90%	0.80%	0.58%	0.43%	0.32%	0.22%	0.20%	0.15%
四川投资人	0.90%	0.80%	0.58%	0.43%	0.32%	0.22%	0.20%	0.15%

表 6.7 展示了中国投资者本地偏好的理论值与实际值的单因素方差分析结果，理论值表示中国投资者不存在本地偏好情况下的投资数据。显然，从方差分析结果上看，二者呈现显著差异（ $p < 0.0001$ ），即中国投资者存在显著的本地偏好。

表6.7　中国投资者本地偏好的理论值与实际值单因素方差分析结果

差异源	SS	df	MS	F	P–value	F crit
组间	0.011089	1	0.011089	12.17893	0.000666641	3.916325
组内	0.114722	126	0.00091			
总计	0.125811	127				

6.3.3　美国投资者的本地偏好内部特征

Kickstarter 位于美国，因此美国的投资者和融资者数量相对其他国家更多。鉴于此，有必要分析美国市场内部是否存在本地偏好。

美国共有 51 个州和特区，表 6.8 统计了每个州的项目数量，即西部的加州和东部的纽约州的项目数量占总数的34%。为了考察美国的区域本地偏好，笔者选取了所在地是美国的项目，并筛除了来自美国以外的投资行为。

表6.8展示了来自美国的项目统计信息，即本地投资者与外地投资者的对比。可以看到，不同的州之间呈现出不同程度的本地偏好。具体来说，明尼苏达、加州、内布拉斯加州、纽约、罗得岛州的本地偏好最为明显，分别为0.42、0.41、0.38、0.38和0.36。换言之，在加州发起的众筹项目，约有41%的投资者来自加州，而59%的投资者来自其他州。而在新罕布什尔州、犹他州、内华达州以及特拉华州的本地偏好最不明显，分别为0.09、0.09、0.07和0.03，这些州的项目能吸引较多的其他州的投资者。然而，这并不意味着这些州完全不存在本地偏好，原因有以下几个方面：①在51个州和地区中，如果不存在本地偏好，本地投资者与外地投资者之间的比例应该接近0.02，而即使本地偏好最不明显的特拉华州，其本地投资者与外地投资者的比例也为0.03，超过了不存在本地偏好的理论数值50%；②由于样本的不均衡，特拉华州的项目数量只有161个，而加州的项目数高达24969个，是其150倍以上；③人口数量的差异也是一个重要因素，截至2020年底，加州的人口数量约为4012万，而特拉华州的人口数量约为97万。

表6.8　研究样本中美国每个州的项目数量统计

州	缩写	项目数量	比例
加利福尼亚州	CA	24969	21.05%
纽约州	NY	16149	13.61%
得克萨斯州	TX	6181	5.21%
佛罗里达州	FL	4915	4.14%
伊利诺伊州	IL	4882	4.12%

续表

州	缩写	项目数量	比例
华盛顿州	WA	4284	3.61%
宾夕法尼亚州	PA	3758	3.17%
马萨诸塞州	MA	3614	3.05%
俄勒冈州	OR	3368	2.84%
乔治亚州	GA	2982	2.51%
密歇根州	MI	2861	2.41%
田纳西州	TN	2760	2.33%
俄亥俄州	OH	2615	2.20%
科罗拉多州	CO	2514	2.12%
北卡罗来纳州	NC	2488	2.10%
亚利桑那州	MN	2206	1.86%
明尼苏达州	AZ	2206	1.86%
弗吉尼亚州	VA	1913	1.61%
新泽西州	NJ	1812	1.53%
犹他州	UT	1705	1.44%
密苏里州	MO	1624	1.37%
马里兰州	MD	1506	1.27%
威斯康星州	WI	1379	1.16%
印第安纳州	IN	1314	1.11%
华盛顿哥伦比亚特区	DC	1263	1.06%
内华达州	NV	1130	0.95%
路易斯安那州	LA	1094	0.92%
康涅狄格州	CT	972	0.82%
南卡罗来纳州	SC	870	0.73%
新墨西哥州	NM	733	0.62%
肯塔基州	KY	717	0.60%

州	缩写	项目数量	比例
缅因州	ME	641	0.54%
俄克拉荷马州	OK	639	0.54%
亚拉巴马州	AL	587	0.49%
佛蒙特州	VT	552	0.47%
爱达荷州	ID	533	0.45%
罗得岛州	RI	519	0.44%
堪萨斯州	KS	496	0.42%
夏威夷州	HI	491	0.41%
路易斯安那州	IA	490	0.41%
新罕布什尔州	NH	490	0.41%
蒙大拿州	MT	431	0.36%
阿肯色州	AR	348	0.29%
内布拉斯加州	NE	347	0.29%
阿拉斯加州	AK	281	0.24%
密西西比州	MS	278	0.23%
西弗吉尼亚州	WV	194	0.16%
特拉华州	DE	161	0.14%
南达科他州	SD	147	0.12%
怀俄明州	WY	112	0.09%
北达科他州	ND	112	0.09%

采用差异性分析，对区域市场无本地偏好的理论值与实际投资数据进行对比，得到表6.9所示的结果。显然 F ＞＞ F crit，因此，理论值与实际投资行为的数值存在显著差异（$P < 0.01$），换言之，投资者的投资行为存在显著的区域市场本地偏好。对比国家级本地偏好和区域市场本地偏好，显然，区域市场本地偏好的 F 与 F crit 的差异大于国家级本地偏好的 F 与 F crit 的差

异，显著性系数也明显提高（0.005672 和 1.22E-16），可以认为，区域市场本地偏好比国家级本地偏好更加明显。

表6.9 区域市场本地偏好差异显著性分析结果

差异源	SS	Df	MS	F	P-value	F crit
组间	0.001212	1	0.001212	69.04587	1.22E-16	6.639775
组内	0.091228	5195	1.76E-05			
总计	0.09244	5196				

表6.10 展示了美国所有州中由外地融资者发起的项目比例统计。可以看到，华盛顿哥伦比亚特区的项目是外来融资者所占比例最大的，约有 28% 的项目是由外地融资者发起的。

中美两国的内部特征均表明，除国家层次的本地偏好外，投资者也偏爱区域市场内距离较近的项目，即倾向于投资同一国家、同一州省或同一城市的项目。其中，中国的投资者更加偏爱本地项目，与美国投资者相比存在较大差异。在一定程度上，可以认为文化差异是导致两国投资者行为模式差异的内在原因。中国倡导的落叶归根文化与美国倡导的自由竞争文化可能是这种行为模式差异的文化根源。

表6.10 外地融资者与本地融资者发起的项目比例

州	他州融资者发起的项目	本州投资者发起的项目	他州融资者发起项目的比例
华盛顿哥伦比亚特区	359	895	28.63%
内华达州	300	813	26.95%
南达科他州	38	109	25.85%
阿拉斯加州	72	207	25.81%
北达科他州	21	91	18.75%

续表

州	他州融资者发起的项目	本州投资者发起的项目	他州融资者发起项目的比例
怀俄明州	21	91	18.75%
路易斯安那州	177	910	16.28%
佛蒙特州	79	467	14.47%
西弗吉尼亚州	28	166	14.43%
密西西比州	40	238	14.39%
堪萨斯州	68	426	13.77%
田纳西州	361	2388	13.13%
特拉华州	20	140	12.50%
新墨西哥州	85	646	11.63%
俄克拉荷马州	70	567	10.99%
肯塔基州	76	638	10.64%
新泽西州	186	1620	10.30%
缅因州	64	568	10.13%
阿肯色州	35	313	10.06%
罗得岛州	47	470	9.09%
印第安纳州	118	1191	9.01%
密苏里州	146	1474	9.01%
内布拉斯加州	31	313	9.01%
宾夕法尼亚州	335	3415	8.93%
蒙大拿州	38	391	8.86%
夏威夷州	43	446	8.79%
新罕布什尔州	43	446	8.79%
纽约州	1342	14624	8.41%
康涅狄格州	81	888	8.36%

续表

州	他州融资者 发起的项目	本州投资者 发起的项目	他州融资者 发起项目的比例
马里兰州	124	1373	8.28%
亚拉巴马州	47	537	8.05%
马萨诸塞州	289	3307	8.04%
南卡罗来纳州	68	795	7.88%
弗吉尼亚州	147	1754	7.73%
爱达荷州	40	492	7.52%
密歇根州	214	2635	7.51%
路易斯安那州	36	451	7.39%
乔治亚州	217	2756	7.30%
亚利桑那州	160	2042	7.27%
伊利诺伊州	321	4539	6.60%
俄勒冈州	210	3148	6.25%
威斯康星州	85	1288	6.19%
明尼苏达州	135	2063	6.14%
犹他州	103	1599	6.05%
俄亥俄州	157	2450	6.02%
佛罗里达州	293	4607	5.98%
科罗拉多州	145	2360	5.79%
北卡罗来纳州	143	2336	5.77%
华盛顿州	238	4031	5.58%
得克萨斯州	320	5836	5.20%
加利福尼亚州	1059	23680	4.28%

6.4 基于文化背景的中美本地偏好比较的讨论

6.4.1 中美文化情境差异与投资行为分析

一个民族的文化精神源于其依存的自然环境和劳动方式，这是在漫长的历史进程中形成的，不以个人意志为转移。从这个角度看，美国和中国的投资者因自然环境和劳动方式的巨大差异，而形成了截然不同的文化情境和文化精神。这种文化精神是导致中美投资者行为差异的主要原因之一，它使得美国投资者倾向于投资广泛范围的众筹项目，而中国投资者的本地偏好则比美国投资者更为显著。本书将从中美自然环境和劳动方式的差异出发，剖析中美两国文化情境下的个体行为，并分析导致两国投资者本地偏好差异的文化背景因素。

中国人的"天人合一"和"内向性主体精神"与美国人的"征服欲望"和"外显性客体精神"是由不同的自然环境孕育而成的。自然环境导致了生产方式和思维方式的差异，进而决定了两国投资者不同的行为模式。中华民族自古生活在广阔的内陆土地上，黄河流域远离海洋，且中国经济长期对海洋没有依赖。内陆的自然环境和自然资源使得古代中国人的经济生活以农业为主。"重农抑商"政策也进一步强化了中国人对农业的重视。明朝初期，明太祖朱元璋下令实施海禁政策，禁止中国人赴海外经商，并限制外国商人到中国进行贸易（进贡除外）。清朝时期，《禁海令》更是明确规定，不允许中国人出海，也不允许外国人到中国进行贸易，同时规定商民不得下海交易，沿海居民内迁 50 里。在禁海政策下，中国人更加专注于农业经济以及本地资源的开发，长此以往，形成了对乡土的深厚依赖。

在摒弃广袤海洋的同时，统治者通过各种手段将人民固定在土地上。明朝自朱元璋开始，便实行了一套严格的户籍管理制度，将民众分为民籍、军籍、匠籍等，民众不能改变自己的户籍，只能世代沿袭，从制度上禁止了民众的身份流动。长期在一地生活，必然形成对当地的深厚情感和依恋。在空间上，明朝统治者更是规定农民日常只能在方圆一里内活动，便于相互监视。另外，任何人离开家乡百里以外，都必须持官府颁发的"路引"，否则将治罪。"路引"实际上是离乡的证明，这一制度在民众的意识中加深了对乡土的依恋。在这种政策的长期影响下，中国人形成了对乡里的深厚情感与依赖，告老还乡也成为众多古代游子理想的归宿。因此，在投资项目时，优先支持距离较近的项目就显得合情合理。

在农业经济条件下，农人的生活规律基本上遵循春耕、夏耘、秋收、冬藏的固定模式，人与自然的关系通常处于协调、融合状态。这使得中国人更加依赖土地资源，形成了对本地资源的特殊依赖，并与当地农人和谐相处。农业的特点培养了中国人乐天知命的性格和四平八稳的心态，养成了一种"求稳求实"的生活观，体现出来的是一种"内陆文化"。在内陆文化下，抱团发展能够更好地对冲风险。远离海洋的经济使个体根植于较小范围的社区，形成与其他个体之间的频繁交互与信任关系。抱团发展就是成员之间实现资源共享、优势互补。宗族观念、落叶归根、回报乡里、乡土情结等均是内陆文化下抱团发展的外在体现。

美国人的历史文化情境与中国人的历史文化情境截然不同。在美国人的祖先抵达北美大陆之前，大部分生活在欧洲沿海地区，以捕鱼、贸易和手工业为生。美国自独立以来，其开拓精神一直是支撑其独立和发展的内在动力。他们相信人的力量，崇尚个性发挥，勇于探险，富于挑战，讲究速度与效率，精于计算，不满足于现状。作为开拓者，他们面临自然条件的恶劣、气候的多变和印第安人的骚扰，需要随时应对各种挑战，从而培养了他们征服自然和改造世界的信念。他们追求的是一种"外显性客体精神"，体现出来的是一种"海洋文化"。这种海洋文化本质上是一种具有侵略性的商业文化。在这种文化背景下成长起来的个体对本地资源的依赖较小，而更倾向于开拓外部市场。因此，美国投资者会投资更多距离较远的众筹项目。

中国文化基于农业社会而发展，农业社会具有复杂的社会等级制度，强调等级与和谐。个体常常被固定在特定的土地上，成为为统治者提供赋税和徭役的对象，具有乡土思维。而美国不完全依赖于农业，他们对工商业的依赖较大。这些产业对个人特征的要求更高。与此相适应，美国人的思维取向是个人式的，与中国人的人际式取向不同。个体式的思维受其他投资者的影响较小。本地偏好常常以群体的方式影响个体行为。显然，美国投资者受到群体的影响较小。从这个角度来看，以商业文明为背景的美国投资者对本地资源的依赖显然更小。

中国自明朝开始推行"重农抑商"的政策，农业经济增长缓慢。不像商品经济下的财富积累那样暴起暴落，人与人之间的分化和差异不那么显著，人们之间的联结容易趋于稳定。再加上小农经济的特点，形成了个人对群体的依存关系，这些都与中国人群体意识的形成密切相关。在这种文化背景下的个体往往具有回馈家乡的思想。在投资行为上，一些成功的中国创业者常常返乡进行二次创业，这是中国投资者最显著的特征之一[①]。个人主义作为美国人倡导的核心价值观，在美国投资者中深入人心。自由、平等、博爱都是从个人主义引申出来的。作为一个以商品经济为主的社会，美国的人口流动性较大，人与人之间在生存、生活方面的依赖性逐渐削弱。这种文化背景下的个人显然乡土意识薄弱，因此对本地资源的依赖较小。

----

① 张加民. 中美文化差异探源 [J]. 华北水利水电大学学报（社会科学版），2004（4）：45-47.

　　表 6.11 统计了若干国家的对比数据，展示了来自本国和地区的投资比例。尤其值得关注的是，中国大陆、中国台湾和中国香港地区均显示了比美国投资者更强的本地偏好。但是，中国大陆、中国台湾和中国香港三个地区的本地偏好强度存在较大差异。在中国大陆的众筹项目中，本国投资者与他国投资者的比例为 120.82，即中国大陆的众筹项目的投资者中绝大多数都来自中国大陆。这一比例在中国台湾和中国香港显著降低，分别为 67.05 和 36.20。因此，可以认为香港地区受到农耕文化影响而形成的本地资源偏好较小。值得比较的是，美国地区众筹项目的本国投资者与他国投资者的比例为 0.41，显著小于中国大陆、中国台湾和中国香港地区。这展示了海洋文化与农耕文化对投资者行为的差异影响。另外，经济发展水平越高的地区，投资者的本地偏好越弱；而经济发展水平较低的地区则展示了较强的本地偏好。这表明经济发展水平在一定程度上抵消了投资者的乡土情结。以下将分别从文化情境、乡土情结两个方面对中美两国进行对比，并分析经济发展水平对本地偏好内部不均衡性的影响。

表6.11　来自本国和地区的投资比例对比

项目所在 国家和地区	来自本国和 地区的投资次数	来自其他国家和 地区的投资次数	本国投资者与 他国投资者比例
美国	5176175	2109094	0.41
英国	142182	342004	2.41
加拿大	43311	207819	4.80
澳大利亚	16168	58526	3.62
德国	8681	38120	4.39
法国	3170	25704	8.11
日本	2367	78548	33.18
瑞典	2253	26871	11.93

续表

项目所在 国家和地区	来自本国和 地区的投资次数	来自其他国家和 地区的投资次数	本国投资者与 他国投资者比例
荷兰	2082	12555	6.03
新西兰	1915	10200	5.33
捷克	1907	21225	11.13
丹麦	1774	31454	17.73
西班牙	1747	21627	12.38
挪威	1632	25162	15.42
以色列	864	16391	18.97
比利时	751	21669	28.85
意大利	748	12513	16.73
奥地利	666	8350	12.54
欧罗斯	653	10772	16.50
巴西	598	6300	10.54
瑞士	471	6489	13.78
芬兰	415	4183	10.08
斯洛文尼亚	400	7634	19.09
波兰	391	14838	37.95
墨西哥	343	9338	27.22
中国大陆	273	32985	120.82
南非	266	6207	23.33
希腊	225	3790	16.84
中国台湾	211	14147	67.05
中国香港	210	7602	36.20

6.4.2　文化情境下中美两国投资者本地偏好异同讨论

已有众多研究证实，投资者行为展现出对本地资源的偏好，然而，从文化情境角度出发，对比不同国家、不同区域间本地偏好差异的研究却寥寥无几。本章选取美国众筹平台 Kickstarter 和中国众筹平台点名时间的投资数据作为研究对象，对中美两国投资者的本地偏好差异进行了深入分析。尽管 Kickstarter 平台上也有中国的众筹项目和投资者，但来自中国的投资者和融资者数量有限，因此，本书选择使用独立的中国众筹平台数据进行对比研究。点名时间作为较早成立的中文在线众筹社区，在在线众筹领域具有一定影响力。该平台上的众筹项目均由中国的融资者发起，且投资者几乎全部来自中国，这为衡量农耕文化背景下投资者的本地偏好提供了数据支持。

在前面的章节中，为了全面对比，本书选取了美国、英国、澳大利亚、德国、加拿大、法国、捷克、瑞士、西班牙、挪威、丹麦、以色列、比利时、日本和中国等 15 个国家的数据进行对比分析。在排除了项目数据不均衡性的影响后，我们发现，美国是这 15 个国家中最开放的，即美国投资者广泛投资于其他国家的项目。从投资者比例来看，美国投资者投资本国众筹项目的比例低于平均值；而其他国家的投资者数据均高于平均值。其中，中国投资者的本地偏好系数在这 15 个国家中是最高的，其余国家的排序依次为英国、澳大利亚、德国、加拿大、法国、捷克、瑞士、西班牙、挪威、丹麦、以色列、比利时、日本。这揭示了不同国家投资者在本地偏好上的差异，美国投资者最为开放，而中国投资者则相对封闭。这可能与中美两国的文化背景差异及经济发展水平有关。美国市场化程度高，全球性思维深入人心；而中国的市场化程度还有待进一步提升。

本书尝试从文化情境角度，解析中美两国投资者在本地偏好上的差异及相似性。图 6.3 总结了中美投资者本地偏好差异和相似性的原因分析。中美两国投资者在本地偏好上的差异主要体现在国家级别的本地偏好上。美国投资者广泛投资于其他国家的项目，展现出开放的投资习惯；而以中国为代表的多数其他国家则更倾向于投资本国的众筹项目，这在一定程度上是由中美两国文化情境的差异所导致的。中国农耕文化背景下形成的乡土情结，使投资者更偏爱距离较近的众筹项目；而美国的海洋文化和全球性思维则使美国投资者更容易接受来自世界各地的众筹项目。

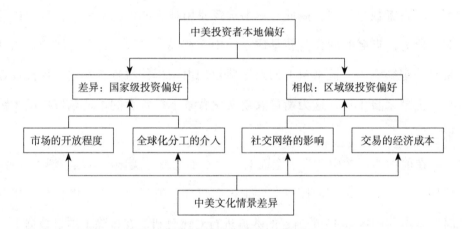

图6.3　中美投资者本地偏好的差异和相似度原因分析

从市场开放程度来看，尽管中国的开放程度日益增强，但相较于美国等经济强国，在诸多方面仍存在不足。美国在基础设施、银行体系、经济体量、跨境金融等方面相较于新兴经济体仍具有显著优势[①]。投资者的个体行为不同于国家政策，国家之间可以通过签订贸易协定来打破交易壁垒，但个体交易的偏好受心理层面影响，难以通过国家间协定来改变。潜移默化的文化

_____

① WU S, HU B, PAN Q. *The Impact of the US Interest Rate Hike on Emerging Market Economies and the Belt and Road Initiative*［J］. *China & World Economy*, 2019, 27 (3): 126-142.

情境对个体的影响更为深远。因此，尽管中国已加入世界贸易组织（WTO），但个体的经济思维、交易思维及文化影响等难以在短时间内转变，仍难以避免个体对本地资源的偏好，这是导致中国投资者最偏爱投资中国众筹项目的主要原因。为了克服对本地资源的过度偏好，首先需从心理层面解决对本地资源的过度依赖，主动融入全球化进程。然而，这一要求与中国传统文化的落叶归根、乡土情结等文化情境相悖，需要个体投资者站在更高视角看待在线众筹项目投资，才能克服心理上对本地资源的依赖。

鉴于美国的市场开放程度及自由竞争的文化情境，中美两国在全球分工中自然形成了差异。在全球分工中，美国更多扮演委托者角色。例如，耐克、高通、苹果等公司的生产线均设在其他国家。在这种情境下生活的个体，在众筹平台中面对来自其他国家的项目时，美国投资者自然不会排斥。而中国投资者则扮演相反的角色，这是导致两者本地偏好行为差异的原因之一。

中美两国投资者在本地偏好上的相似性可能共同源于社交网络和交易的经济成本。从社交网络角度分析，亲朋好友是项目初期的主要资金来源。成功的项目在筹资初期能够获得社交网络中好友的支持，且与好友数量呈显著正相关[1]。社交网络中的好友关系可以彰显融资者的信誉质量，增加融资成功的概率[2]。即，受社会关系网络影响，在众筹项目投资时，投资者会优先投资那些已建立社会关系的融资者。显然，已建立社会关系的投资者往往是投资者的朋友、同学、家人、同事等，这部分群体之间的距离较近，且跨越国界的可能性较低。

此外，从交易成本角度分析，这可能与交易成本有关。对线下市场的研

[1]　LEE P-L, CHIN L, LAW SH, et al. *Do integrated economies grow faster? Evidence from domestic equity holdings* [J]. *Economics Bulletin*, 2017, 37 (4): 2905-2916.

[2]　ZHENG H, XU B, WANG T, et al. *Project Implementation Success in Reward-Based Crowdfunding: An Empirical Study* [J]. *International Journal of Electronic Commerce*, 2017, 21 (3): 424-448.

究发现，线下风险投资中，投融资双方的平均距离仅为 70 英里；而 50% 的天使投资与目标企业的距离在半天行程范围内 ①。对线上市场的研究发现，电子商务市场交易双方更多来自相同区域 ②。这种本地偏好的不均衡性是两国投资者的共性，很可能是因为距离较近的项目在文化、习惯、风俗上具有相似性。

6.4.3　历史渊源下中美两国投资者本地偏好异同讨论

华夏文明源远流长，拥有五千年的悠久历史。每一个历史发展阶段都见证了国家的成长足迹。在这些历史阶段中，民族认同感逐渐形成并巩固。公元前 221 年，秦始皇统一六国，建立了中国历史上第一个专制主义中央集权的封建王朝——秦朝，实现了民族的大一统。在广袤的华夏大地上，我们的祖先以伟大的创造力、强大的生命力和巨大的凝聚力世世代代繁衍生息。中华民族以汉族为主体，与众多少数民族共同构成了我们民族的大家庭。可以说，中国厚重的历史铸就了中国投资者对本国文化的强烈认同。因此，受这种由历史渊源形成的民族认同感的影响，投资者更加倾向于投资本国、本地区的项目，形成了对本地众筹项目的显著偏好。

相比之下，美国的历史要短得多。1776 年 7 月 4 日，美国发表《独立宣言》，宣告美利坚合众国成立，至今仅有 200 多年的历史。在较短的历史进程中，美国由来自世界各地的人口构成，是一个典型的移民国家，人口构成复杂。其多民族凝聚的历史远远短于中国。

---

① WONG A, BHATIA M, FREEMAN Z. *Angel finance: the other venture capital* [J]. *Strategic Change*, 2009, 18 (7–8): 221–230.
② HORTAÇSU A, MARTÍNEZ-JEREZ F, DOUGLAS J. *The geography of trade in online transactions: Evidence from eBay and mercadolibre* [J]. *American Economic Journal: Microeconomics*, 2009, 1 (1): 53–74.

由于美国是由众多移民构成，且国家历史较短，因此美国投资者形成的民族凝聚力不如中国投资者强。在现实中，美国也爆发了一些民族之间的矛盾。因此，相对于中国这种历史悠久的国家，美国投资者对本地资源的偏好并不明显，难以体现出厚重的历史渊源。因此，美国投资者相对中国投资者更加开放，他们对本地资源的依赖更小，而更加关注外向型资源。

6.4.4　基于乡土情结的中国投资者的本地偏好分析：社会学视角

乡土情结是中国传统社会的产物，是农民对世代生活的乡村和赖以生存的土地所产生的情感、态度、愿望等心理因素[①]。在此基础上，中国传统社会提倡衣锦还乡、回馈桑梓。在这种环境下成长的个体投资者，必然具有一定的乡土情结，希望通过行动回馈家乡[②]。尤其是近年来创业环境的改善，由乡土情结驱动的返乡创业成为理论研究和创业实践的热点[③]。而众筹项目这种融资模式在一定程度上满足了个体投资者的乡土情结，使他们有机会参与到家乡项目的发展中，以"众人拾柴火焰高"的方式支持乡土项目的发展。

根据费孝通先生在《乡土中国》中的论述，中国社会是乡土性的。乡下人以种地为最普通的谋生方法，因而黏着在土地上，世代定居。乡土社会的生活是富于地方性的，活动范围有地域上的限制，区域间接触少，生活隔离，各自保持着孤立的社会圈子。在乡土社会中，血缘关系和地缘关系是这

---

① 陈聪. 乡土情结对农民创业者供给村庄公共品的影响研究［D］. 镇江：江苏大学，2018.
② 陈文超，陈雯，江立华. 农民工返乡创业的影响因素分析［J］. 中国人口科学，2014（2）：96-105.
③ 阳立高，廖进中，张文婧，等. 农民工返乡创业问题研究——基于对湖南省的实证分析［J］. 经济问题，2008（4）：85-88.

种社会结构中的两大要素。血缘情结来源于直系或旁系的血缘关系，这种天然的关系使血缘情结与生俱来。地缘情结则来源于地理位置的接近所带来的频繁交往，这种频繁的交往互动有时会带来纯粹的"友情"。在本地偏好中，血缘情结与地缘情结发挥着不同程度的作用，前者影响有限，而后者则与本地偏好密切相关。

在线众筹中，血缘情结的影响较小，因为众筹项目的投资者规模庞大，每个投资者只投入少量的资金支持项目发展。在众多的投资者中，与融资者具有血缘关系的投资者只占微乎其微的比例，几乎可以忽略不计。然而，地缘情结对个体投资者产生着极大的影响。个体投资者由于其地缘情结的影响，在投资众筹项目时，地理位置可能是其重要的考量因素之一。当项目距离投资者较近时，由于地缘情结的原因，投资这类项目的可能性增大。但是，在已有的关于众筹项目投资的影响因素研究中，几乎没有将地缘情结纳入考虑范围。这可能是由于众筹模式起源于美国，而美国投资者对地缘情结的淡漠使得很多研究者没有注意到这个现象；而中国投资者在农耕文明背景下形成了特有的地缘情结，使中国投资者表现出对项目地缘的显著依赖。

6.4.5 经济发展水平对本地偏好内部不均衡的影响讨论：经济学视角

从中美两国内部的本地偏好来看，两者呈现出类似的趋势，即中美两国内部仍然存在本地偏好的不均衡性。例如，北京的投资者更喜欢投资北京的众筹项目，而不太喜欢投资浙江的众筹项目。这种不均衡性在中国投资者群体中表现得尤为突出，不同省份的投资人对项目的投资呈现出极大的不均衡性。这是在农耕背景下区域经济发展的差异造成的。北京、上海、广东、浙江等地的经济发展水平较高，这些区域的项目数量更多，这是由经济发展水平本身的差异导致的。相对来说，经济发展水平越高的地区受到农耕文化的影响越小。以上海地区的众筹项目为例，在扣除项目地区不均衡的因素后，上海地区的众筹项目获得北京、广东、上海三个地区投资者的比例分别为 5.71%、4.09% 和 2.01%；而甘肃、青海、西藏等地的投资者比例均低于 0.5%。这表明甘肃、青海、西藏等地的投资者具有更强的本地资源观念。因此，可以认为经济发展水平在一定程度上减弱了农耕文化带来的对本地资源的依赖，使投资者关注的对象由距离较近逐渐拓展到较远的距离。从这个角度来看，中国投资者的本地偏好不均衡性是由于农耕文明背景下的经济发展差异导致的，具有一定的合理性。

类似地，美国投资者也呈现出本地偏好的内部不均衡性。Kickstarter 上的众筹项目呈现出典型的"一东一西"的趋势，即西部的加州地区和东部的纽约地区发起的众筹项目数量最多，同时，加州和纽约也是本地偏好最强的州。这个现象不同于中国的众筹项目，在中国的众筹项目中，如果项目来自经济发达的地区（如上海），该项目能够获得较多其他地区的投资者支持。而在美国，经济发达地区（如加州）的众筹项目更多地获得了本地投资者的支持。这展示了中美投资者本地偏好的内部差异。

本地偏好的不均衡性提供了丰富的管理启示。例如，众筹者可以依据投资者位置对距离较近的项目进行重点推荐，这有助于进行更加精确的投资者画像，得到更加准确的投资者偏好模型，为产品推荐、产品研发以及在线个性化推荐等提供参考。

6.4.6 情感纽带下的中美本地偏好差异分析：行为学视角

在农耕文明背景下，乡土情结起源于乡土意识，这种意识是农村土生土长的农民对村庄土地特有的情感和认知，它构成了农民众多观念、思维方式的基础。费孝通曾论述过，中国传统社会自古就有"告老还乡、回馈桑梓"的传统。通常情况下，只有乡土社会中的精英才能真正从农村走向城市，而在他们取得成功之后，往往会有"告老还乡、回馈桑梓"的心理诉求。对于大多数中国人而言，乡土既是我们的物质家园，也是精神寄托[①]。然而，能够真正实现返乡创业的农民工毕竟是少数，大部分具有乡土情结的个体无法实现自主创业。因此，农民工返乡创业并不会成为主流。对多数农民工来说，返乡只是换了一个工作环境而已。但众筹为这部分投资者提供了一种新的可能，其根植于血缘和地缘关系的乡土情结促使他们投身于家乡的众筹项目，这是乡土情结对投资者行为的另一种体现。

在在线投资领域，尽管投资者可以投资远距离的众筹项目，但根据计划行为理论（TPB），个体的行为意向直接受到行为态度（BA）、主观规范（SN）、知觉行为控制（PBC）三大要素的影响。乡土情结源于个体对其所嵌入的社会关系网络的依赖和忠诚。在社会网络研究中，学者们将社会关系网络分为表达型关系和工具型关系两种：前者不以功利性目标为目的；后者则与相应的利益紧密相关。在线众筹项目的投资行为本地偏好同时受到这两种关系的影响。表达型关系体现了投资者对乡土的眷恋和对乡土事业的支持，这是一种不追求物质回报的关系；而众筹项目的投资往往能获得融资者一定

---

① 张洪明. 构建文化的通天塔——谈中国文化乡土化，民族化，现代化的关系 [J]. 中国文化研究，1995（2）: 51-54.

回报的承诺（实物或虚拟），这符合工具型关系的定义。因此，本地偏好可能同时受到乡土情结下的表达型关系和工具型关系的影响，既包含无偿支持的心理，也有对获得回馈的心理渴望。

6.5　本章小结

本章基于 Kickstarter 和点名时间的投资者数据，对比了中美投资者在本地偏好上的差异。数据分析结果显示，在国家级本地偏好方面，美国投资者最为开放，他们广泛投资于来自世界各地的众筹项目；而中国投资者则相对较为封闭，更倾向于投资中国的众筹项目。而且这种偏好程度甚至超过了英国、澳大利亚、德国、加拿大、法国、捷克、瑞士、西班牙、挪威、丹麦、以色列、比利时、日本等国家的投资者，这证实了中国投资者对本地资源的强烈偏好。同时，本章也揭示了在中国和美国内部存在不同程度的本地偏好，即国家内部也存在本地偏好的不均衡性。最后，从社会学、经济学、行为学视角探讨了中美两国投资者的本地偏好差异，特别是从文化背景这一创新性角度进行了差异分析：中国作为典型的以农业为基础发展起来的国家，投资者更具乡土情结，因此表现出较强的本地偏好；而美国则是以海洋文化发展起来的国家，崇尚商业文明，其本地偏好相对较弱，投资者倾向于投资更广泛的众筹项目。

第7章 本地偏好应用实验：个性化偏好建模

目前，关于众筹推荐的研究尚不多见，尤其是针对投资者本地偏好的应用更是缺乏深入探讨。具体而言，基于位置的推荐系统与众筹场景存在显著差异。前者主要关注投资者的线下消费行为，其中地理位置转移的时间成本和交通成本是影响推荐效果的关键因素[①]。然而，这种适用于离线消费场景的推荐算法并不能直接应用于众筹项目的个性化推荐。本质上，考虑位置的推荐是一种融合多维特征的推荐方式。投资者具有多元化的兴趣偏好[②]，而推荐算法的核心在于准确识别投资者的兴趣。一旦建立了有效的兴趣模型，就能对投资者的偏好进行量化评估。因此，包含地理位置在内的多维特征推荐算法有望为众筹项目提供更为精准的个性化推荐。

---

① LEVANDOSKI J J, SARWAT M, ELDAWY A, et al. Lars: *A location-aware recommender system* ［C］// Data Engineering (ICDE), 2012 IEEE 28th International Conference on, IEEE, Year, 2012: 450-461.

② 徐选华，吴慧迪. 基于改进云模型的语言偏好信息多属性大群体决策方法［J］. 管理工程学报，2018，32（1）：117-125.

7.1　研究内容

依据前面若干章节对本地偏好的论述，本章以位置信息为切入点，旨在通过改进推荐算法来提升推荐效果。为此，本章提出以下研究内容。

（1）基于投资者—项目距离的本地偏好分析：部分投资者和融资者会公开自身的地理位置，依据这种地理位置转化为投资者（项目）之间的距离，进而分析投资者—项目距离的本地偏好趋势。

（2）考虑本地偏好的投资者兴趣建模：依据投资者的本地偏好模型，采用合适的算法，在推荐系统中整合地理位置，建立投资者兴趣模型。

（3）基于本地偏好的协同过滤算法设计：采用基于本地偏好的投资者兴趣模型，设计并验证众筹项目的个性化推荐算法，并比较算法之间的差异。

7.2　距离惩罚因子

若不考虑投资者与融资者之间的距离因素，公式（7.1）可用于计算投资者对项目的兴趣度。

$$p(u,i) = \sum_{v \in S(u,K) \cap N(i)} w_{uv} \times r_{vi} \tag{7.1}$$

其中，$p(u,i)$ 表示投资者 u 对项目 i 的兴趣度，$S(u,K)$ 表示与投资者 u 兴趣最接近的 K 个投资者，采用余弦公式计算投资者之间的兴趣相似度，$N(i)$ 表示对项目 i 有过行为（如投资、浏览等）的投资者集合。w_{uv} 表示投资者 u 和投资者 v 的兴趣相似度，r_{vi} 表示投资者 v 对项目 i 的兴趣程度，在单一行为的反馈数据中，r_{vi} 通常设置为 1。

若需考虑投资者的本地偏好，可将公式（7.1）改写为公式（7.2）。公式（7.2）中引入了距离惩罚因子，因为本模型对距离进行了两个层面的度量：一是投资者之间的距离；二是投资者与项目之间的距离。以 Kickstarter 这一国际性众筹网站为例，若一个项目同时吸引了外国投资者和美国国内投资者的关注，可能会因项目与外国投资者之间的距离较远而导致该项目不会被推荐给外国投资者。这正是引入距离惩罚因子的缘由所在。距离惩罚因子允许在训练数据上进行手动调整，以确保投资者兴趣模型（协同过滤）和投资者本地偏好（距离因素）在模型中得到均衡考量，从而最大限度地提高推荐准确率。

$$p(u,i) = \sum_{v \in S(u,K) \bigcap N(i)} (1-\alpha) \times w_{uv} \times r_{vi} - \alpha \times dp(u,i) \qquad (7.2)$$

其中，$dp(u,i)$ 表示项目 i 对于投资者 u 在地理位置上的惩罚系数，项目 i 距离投资者 u 的位置越远，其惩罚系数越大。α 表示距离惩罚因子的权重，α 越大表明对距离的惩罚力度越大。本书采用欧氏距离计算地图上任意两点的距离。

作为源自美国的众筹平台，Kickstarter 的主要投资者和融资者均来自美国，但仍有相当一部分投资者和融资者来自其他国家。本章未考虑投资者与融资者的国籍差异、州籍差异等因素，而是认为距离是衡量本地偏好的最具代表性的指标。在某些情况下，距离具有更强的度量能力。例如，中国与美国的投资者显然存在显著的文化背景差异，这种差异在物理距离上得到了体现；而美国和加拿大之间的文化差异相对较小，其物理距离也较近。这在一定程度上证明了距离在衡量本地偏好中的有效性。

7.3　个性化推荐数据以及实验设置

7.3.1　个性化推荐研究数据

由于全样本数据量极大，且受计算能力限制，为验证本地偏好对个性化推荐的影响，从 Kickstarter 原始数据中随机抽取部分数据构成新的数据集。图 7.1 展示了数据的统计结果。实验数据包括 4340 位投资者对 275 个项目的 37018 次投资行为，数据稀疏度为 96.90%。

就投资者而言，绝大多数投资者参与投资的项目数量较少。其中，投资超过 10 个项目的投资者占比为 28.16%，而投资超过 20 个项目的投资者仅占 5.41%。这表明大多数投资者并不活跃，导致数据较为稀疏。

就项目而言，投资者少于 100 人的项目占 26.91%，而投资者超过 150 人的项目占 24.36%。换言之，约 50% 的项目能够吸引 100 至 150 位投资者参与。

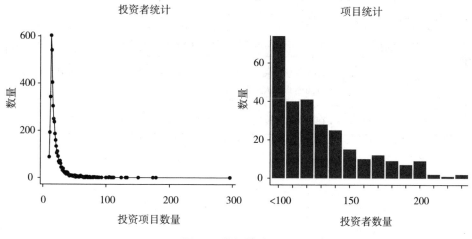

图7.1　数据统计展示

7.3.2　实验设置

实验采用基于项目的推荐算法，首先计算项目之间的相似度，然后根据相似度为目标项目生成投资者推荐列表。

为比较算法性能，采用 Top-N 推荐方法，分别测试推荐列表数为 5 和 10 的情形。同时，测试协同过滤算法中邻域数量对推荐性能的影响。若最佳邻域数量较大，则计算量较大；反之，算法收敛较快，计算效率较高。表 7.1 归纳了本书使用的比较算法及其说明。

表7.1　比较算法以及说明

序号	比较算法	说　　明
1	基于余弦的 CF	基于余弦相似度的协同过滤算法
2	PersonalRank	直接采用 PersonalRank 计算二分图进行直接推荐
3	基于二分图的 CF	首先采用 PersonalRank 计算节点相似度，然后采用 CF 进行推荐
4	基于内容的推荐	根据项目内容进行推荐
5	基于热度的推荐	推荐最热的项目（投资者）给投资者（项目）
6	基于距离的推荐	推荐距离最近的项目（投资者）给投资者（项目），只考虑距离因素
7	距离过滤＋协同过滤	首先按照距离进行排序，选择距离最近的前 N 项作为候选，再使用协同过滤算法进行推荐
8	基于本地偏好的 CF	在协同过滤算法中考虑距离惩罚因子

7.3.3　个性化推荐的评价标准

推荐目标不同，评价标准也有所差异。早期研究通常关注预测投资者是否会购买某商品，因此预测准确率成为重要指标。然而，研究发现，单纯依赖准确率可能会误导推荐系统的发展[1]。例如，对于热门商品的推荐，准确率可能很高，但即使不推荐这些商品，投资者仍可能购买。相反，推荐投资者不熟悉但感兴趣的商品时，投资者满意度更高[2]。此外，实践表明，大量长尾商品的汇集对销量有显著影响[3]。如果忽视产品覆盖率，片面追求准确率和召回率，推荐系统会倾向于推荐更热门的商品，导致"马太效应"加剧[4]。覆盖率用于衡量推荐系统将多大比例的产品推荐给投资者群体[5]。

因此，推荐系统的评价标准可归纳为四类：准确率、召回率、覆盖率和流行度。公式（7.3）至公式（7.6）分别给出了这四类指标的计算方法。

---

① MCNEE S M, RIEDL J, KONSTAN J A. *Being accurate is not enough: how accuracy metrics have hurt recommender systems*［C］//CHI'06 extended abstracts on Human factors in computing systems, ACM, Year, 2006: 1097-1101.

② MCNEE SM, ALBERT I, COSLEY D, et al. *On the recommending of citations for research papers*［C］// Proceedings of the 2002 ACM conference on Computer supported cooperative work, ACM, Year, 2002: 116-125.

③ ELBERSE A. *Should you invest in the long tail?*［J］. *Harvard Business Review*, 2008, 86 (7/8): 88.

④ ZAIER Z, GODIN R, FAUCHER L. *Evaluating recommender systems*［C］//Automated solutions for Cross Media Content and Multi-channel Distribution, 2008 AXMEDIS'08 International Conference on, IEEE, Year, 2008: 211-217.

⑤ GE M, DELGADO-BATTENFELD C, JANNACH D. *Beyond accuracy: evaluating recommender systems by coverage and serendipity*［C］//Proceedings of the fourth ACM conference on Recommender systems, ACM, Year, 2010: 257-260.

$$Precision = \frac{\sum_u |R_u \cap T_u|}{\sum_u |R_u|} \tag{7.3}$$

$$Recall = \frac{\sum_u |R_u \cap T_u|}{\sum_u |T_u|} \tag{7.4}$$

$$Coverage = \frac{\left| \bigcup_{u \in U} RecommendList_u \right|}{|item|} \tag{7.5}$$

$$Popularity = \ln(1 + \sum_{i \in I} |item_i|) \tag{7.6}$$

其中，R_u 是推荐系统产生的推荐列表，T_u 是投资者实际喜欢的项目列表，$|item|$ 代表所有产品数量，$RecommendList_u$ 为给投资者 u 的推荐列表，U 为投资者集合，I 为项目集合，$|item_i|$ 代表项目 i 被推荐的次数。

7.4　基于本地偏好的个性化推荐结果与讨论

7.4.1　距离惩罚系数的确定

图 7.2 展示了距离惩罚因子的对比，采用 TOP-N 进行推荐（N=10）。显然，距离惩罚因子对覆盖率和流行度的影响极小，几乎所有的数据点都重合。但是，距离惩罚因子提升了推荐的准确率和召回率。以准确率为例，当距离惩罚系数为 0 时，准确率最低；当取值为 0.3 时，准确率最高，召回率也呈现出类似的趋势。这种趋势在邻域数量 $K \leqslant 75$ 时尤为明显；而在 $K >$ 75 时，惩罚系数的影响不再显著。不过，当 $K >$ 75 时，准确率和召回率都极低，因此一般推荐系统不会选择如此大的邻域数量。此外，邻域数量过大也会造成计算效率的下降。因此，在基于距离的推荐算法中，将归一化后的距离惩罚因子设置为 0.3 是比较合理的。

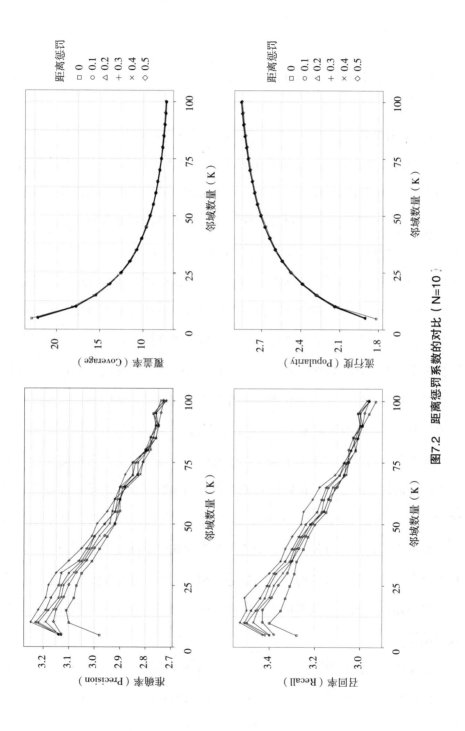

图7.2 距离惩罚系数的对比（N=10）

7.4.2 算法的综合比较

表 7.2 对各种算法进行了综合对比。在 Kickstarter 项目数据上，采用基于项目的推荐算法时，无论推荐的列表长度为 5 还是 10，基于本地偏好的协同过滤推荐都能取得良好的性能。具体来说，基于热度的推荐算法性能最差。这是一种不考虑邻域的推荐算法，将所有投资者和项目视为同质，向所有投资者（项目）推荐相同的项目（投资者）。然而，在众筹社区中，每个投资者的特征各不相同，不能以相同的项目列表推荐给所有投资者，因此，这类算法在众筹项目推荐中性能极差。但这并不意味着基于热度的推荐毫无价值，在某些场景下，基于热度的推荐能取得极高的推荐效果。例如，在电影推荐中，当一部电影热映时，几乎所有的观众都会选择观看。在这种场景下，基于热度的推荐是一种合理的推荐方法。类似地，热门书籍、热门新闻等项目的推荐也适合采用基于热度的推荐算法。

基于距离的推荐性能优于基于热度的推荐，这可能是因为众筹参与者大多青睐距离较近的项目，他们通常是融资者的亲朋好友。由于这部分投资者的大量参与（尤其是在融资初期），投融双方之间的距离较近。基于距离的推荐会优先推荐这部分投资者，但这种推荐存在以下问题：①距离较近的投资者众多，并不意味着他们都对项目感兴趣，这可能导致基于距离的推荐算法效果不佳；②该算法仅考虑了投资者的距离偏好，而忽略了投资者的其他投资偏好。

基于内容的推荐算法改进了基于热度和基于距离推荐算法的不足，以项目的内容作为衡量投资者兴趣的指标。本书选取的内容评价标准包括项目类别、筹资者的社会化网络、项目融资状态、参与等级数量、最低参与等级金额以及平均筹资金额等 6 项指标。假设投资者曾经投资过"电影"项目，那么他就对该类项目有兴趣。结果表明，基于内容的推荐在一定程度上提升了推荐性能，但仍有较大的提升空间。

本书选取了两类网络推荐算法进行比较：PersonalRank 和基于二分图的协同过滤（CF）。网络推荐算法适合处理极端稀疏的数据，但对稠密数据集缺乏有效的推荐能力[①]。如前所述，本书的数据稀疏度为 96.90%，即在投资者行为矩阵中，约有 97% 的矩阵元素为空。该数据集相对较为稠密，而 Kickstarter 上的全部数据稀疏度约为 99.99%[②]，数据极端稀疏。网络推荐算法对极端稀疏数据的推荐具有一定效果，但不适合处理较稠密的数据。

基于余弦函数的 CF 极大地提高了推荐性能。例如，当列表长度为 5 时，准确率达到 16.11%，而覆盖率为 13.73%。这表明协同过滤算法在众筹项目推荐中具有优势。当采用距离过滤 + 协同过滤时，推荐性能进一步提升，召回率和准确率分别为 4.86% 和 16.21%。这表明考虑项目和投资者之间的距离有助于更准确地识别投资者偏好，并准确推荐众筹项目。而在距离变量的处理上，采用距离惩罚因子的 CF 推荐性能最佳，召回率、准确率、覆盖率和流行度分别为 4.87%、16.24%、13.62% 和 2.967。因此，在基于本地偏好的众筹项目个性化推荐中，采用距离惩罚因子的本地偏好算法值得推广。基于本地偏好的协同过滤算法在各项指标上均优于基于位置的推荐、传统的协同过滤算法、基于内容的推荐和网络推荐算法，这表明基于本地偏好的个性化推荐方法具有理论价值和实践意义。

---

① 王伟，陈伟，祝效国，等 . 众筹项目的个性化推荐：面向稀疏数据的二分图模型［J］. 系统工程理论与实践，2017，37（4）：1011-1023.

② 王伟，陈伟，祝效国，等 . 众筹项目的个性化推荐：面向稀疏数据的二分图模型［J］. 系统工程理论与实践，2017，37（4）：1011-1023.

表7.2 各类算法综合对比结果

推荐算法	列表长度 N	邻域数 K	Recall (%)	Precision (%)	Coverage (%)	Popularity
基于热度的推荐	5	—	1.048	3.500	0.115	4.234
基于距离的推荐	5	5	1.11	3.70	23.01	2.223
基于内容的推荐	5	55	1.95	6.52	1.75	3.888
PersonalRank	5	全局	2.55	7.57	1.52	4.053
基于二分图的 CF	5	10	4.35	12.93	10.96	3.036
基于余弦的 CF	5	10	4.83	16.11	13.73	2.971
距离过滤 + 协同过滤	5	10	4.86	16.21	13.57	2.969
基于本地偏好的 CF	5	10	4.87	16.24	13.62	2.967
基于热度的推荐	10	—	1.928	3.218	0.23	4.107
基于距离的推荐	10	5	1.99	3.31	37.82	2.24
基于内容的推荐	10	55	3.17	5.29	3.21	3.759
PersonalRank	10	全局	4.50	6.68	2.49	3.899
基于二分图的 CF	10	10	7.14	10.59	17.72	2.932
基于余弦的 CF	10	10	7.92	13.21	22.40	2.87
距离过滤 + 协同过滤	10	15	7.94	13.24	17.83	2.983
基于本地偏好的 CF	10	15	7.99	13.32	17.88	2.983

7.4.3 基于本地偏好的个性化推荐的讨论

基于本地偏好的个性化算法为管理实践提供了丰富启示，对众筹网络平台的运营具有指导意义，并对类似平台的建设和经营具有借鉴价值。首先，从宏观角度看，众筹市场空间巨大，准确把握投资者需求是促进这一商业模式可持续发展的重要手段。中国的在线融资深受国外融资平台和融资模式的影响，不仅融资平台具有相似性，投资者也存在一定的共通性。2015 年 7 月发布的《关于促进互联网金融健康发展的指导意见》指出，互联网金融既需市场驱动，又需控制风险隐患[①]。在线金融频繁的"爆雷"事件表明，许多投资者在参与投资时存在盲目性，他们过分关注融资者承诺的回报，而忽视了项目的风险。本研究表明，投资者偏好具有多样性，本地偏好、协同过滤、热度、内容、图模型等都是评估投资者偏好的方法。因此，在线众筹项目推荐应结合多种属性，既要关注投资者偏好，又要充分评估项目风险。

其次，这一算法对众筹平台的建设具有指导意义。对于"All-or-Nothing"融资模式，众筹平台的主要盈利来源是收取成功融资项目的手续费，一般手续费标准为 5% ~ 10%。若项目融资失败，融得的资金将返还投资者，众筹平台则无任何收益。因此，提高众筹项目的融资成功率是众筹平台提升自身盈利水平的重要措施之一。本研究为众筹平台建设提供的启示是，在项目融资期限内，通过个性化推荐提升项目与投资人的匹配度。先前研究已指出个性化推荐的商业价值。例如，亚马逊有 20% ~ 30% 的销售来自推荐系统[②]。考虑本地偏好的个性化推荐提升了推荐系统的性能，推荐性能的提升直接促进了经济效益的增加，为众筹平台的建设和发展提供了一种新思路。本书仅从投资者本地偏好的角度构建了更加完善的投资者偏好模型。事实上，众筹平台还拥有大量数据可用于识别投资者的其他偏好并进行投资者画像，如投资者的性别偏好、对项目类别的偏好、对投资时机的偏好以及社会关系的影响等。这些多维数据为构建细粒度的投资者偏好模型提供了详细的分析数据来源。基于本地偏好的个性化推荐模型构建的距离惩罚因子可用于离线数据的训练，并动态调整对距离的惩罚，这为众筹融资平台的推荐系统提供了良好的扩展性。

---

① 刘志伟.论 P2P 网络借贷平台业务发展的合法模式选择——从《关于促进互联网金融健康发展的指导意见》谈起［J］.中南大学学报（社会科学版），2015（6）：27-33.

② 项亮.推荐系统实践［M］.北京：人民邮电出版社，2012：120.

接下来，对于创业者而言，他们在融资阶段最大的担忧是融资失败，因为一旦项目融资失败，创业者将一无所获，项目也将无法继续[①]。在融资期限内，由于本地偏好的存在，特别是在某些项目类别中本地偏好尤为显著[②]，在项目推介过程中需重点考虑距离较近的投资者。例如，在戏剧类众筹项目中，投资者距离融资者较近，因此融资者有必要对距离较近的潜在投资者进行推广；相反，对于科技类项目而言，由于投资者对本地资源的偏好较弱，项目推介策略应扩散到更广泛距离范围内的投资者。对本地资源的偏好受经济、文化、传统、习俗等多方面因素影响，创业者在考虑本地偏好的项目推介时，有必要深入分析本地偏好产生的原因。例如，对于食品类众筹项目的本地偏好可理解为饮食习惯的相似性，因此在项目推广阶段，应重点关注具有相似饮食习惯的潜在投资者。考虑本地偏好的协同过滤算法为提升融资成功率提供了一种手段。

最后，对于投资者而言，他们对项目质量的判断受多方面因素影响。普遍认为，在线投资中投资者关注风险和收益的均衡，尤其是对金融资产的投资。然而，投资者并非完全理性，许多次要因素可能在投资决策中占据重要地位，而投资者可能并未意识到这种影响。这要求投资者全面评估项目质量，以客观标准评估项目各方面特征，从而克服心理情感对决策的影响。本地偏好可归为一种心理影响，这种心理影响恰好是理性投资者需要面对并克制的因素之一。考虑本地偏好的协同过滤算法为投资者了解项目提供了一个渠道和手段，以推荐系统的方式整合投资者多种消费习惯和偏好，协助投资者更高效地选择合适项目。

---

① 王伟，郭丽环，王洪伟. 融资人，项目内容和交互信息对融资的影响——基于公众科学平台的实证研究 [J]. 科学学研究, 2018, 36（5）: 868-883.

② HORTAÇSU A, MARTÍNEZ-JEREZ F, DOUGLAS J. *The geography of trade in online transactions: Evidence from eBay and mercadolibre* [J]. *American Economic Journal: Microeconomics*, 2009, 1 (1): 53-74.

7.5　本章小结

本章提出了基于本地偏好的协同过滤算法，并将其应用于众筹项目的个性化推荐。在理论上，该算法改进了互联网金融的投资者偏好识别并提升了推荐系统的性能。在实践上，为提升众筹项目融资成功率提供了一种实用方法。众筹推荐不同于线下环境的电影院、咖啡馆、餐馆等的推荐，因为投资者难以物理地消费远距离项目，已有的基于距离的推荐并不适合众筹推荐。作为一种崭新的应用场景，本章比较了多种基于距离的推荐算法对众筹项目的推荐效果，并发现具有距离惩罚因子的方法推荐性能最佳。基于本地偏好的个性化推荐算法拓展了本地偏好的应用范围，实现了更精确的投资者画像。

第8章　研究总结与未来展望

8.1　研究总结

　　已有文献普遍证实了投资者存在本地偏好，然而，鲜有研究专注于在线众筹项目投资行为中的本地偏好现象。本书通过引入数据挖掘和计量模型，搭建了投资者本地偏好行为模式与众筹项目融资效果之间的桥梁。现有研究主要采用数理统计方法，虽能揭示现象，但在解释现象本质方面存在不足。本书采用数据挖掘技术，对数据进行分组、分层、分面分析，构建了投资者多层次本地偏好行为模型。通过对Kickstarter和点名时间平台上的真实数据进行实证研究，并经过大量鲁棒性检验，验证了本地偏好是投资行为的重要特征，对众筹项目的融资绩效具有显著影响。同时，以文化背景差异为基础，比较了中美两国投资者的本地偏好差异，发现农耕文化形成的乡土情结和地缘依赖使中国投资者的本地偏好相较于美国投资者更为强烈。

　　归纳起来，通过数据挖掘和实证分析方法，本书得到了以下关键研究结论。

　　（1）本地偏好在众筹投资行为中多层次存在，并对融资绩效有重要影响

　　目前，针对众筹投资行为的本地偏好研究尚为空白，因此，对众筹投资

行为中的本地偏好存在疑问。本书以确凿的证据证明了本地偏好的存在，并揭示了其对融资绩效的显著影响。从国家层次验证了本地偏好的存在，投资者更倾向于投资本国融资者发起的众筹项目；从区域市场层次发现，投资者更喜欢投资同州（省）和同城的众筹项目；从个人层次验证了投资行为的本地偏好及其对融资效果的影响，并通过投资的时序模型、截面数据模型及距离模型证实了本地偏好的效用。总体来说，本地偏好对投资决策和项目的融资成功率具有显著影响。此外，本书还验证了区域投资行为的叠加效应，即当融资者与项目所在地不相同时，项目能够获得更高的融资成功率。

在解释本地偏好方面，本书以个人偏好歧视理论为基础，扩展了该理论在互联网金融中的应用。通常认为歧视是一种社会习俗，不遵从社会规则就意味着将被驱逐出所在群体。然而，"被驱逐"的心理恐惧因素显然不是在线项目本地偏好的主要因素。投资者的本地偏好主要是由于个人偏好歧视下的理性决策和成本因素共同导致的。即投资者在面对投资风险时，会选择距离较近的项目，因为这意味着文化、习俗、观念上的一致性，有助于减弱投资风险。另外一种个人偏好歧视可能来自心理情感因素的影响①。个人偏好歧视理论强调社会规则在人际交往中的作用，即社会规则由线下过渡到线上交易行为上。心理情感因素部分归因于个人偏好歧视理论下的社会规则，如风俗习惯、宗教规范、道德规范、社团章程、法律规范等的一致性。当距离较近时，投融双方在这些方面的一致性越高，由此导致的心理情感依赖更加强烈，因此展现出对距离较近项目的好感，并由此形成本地偏好。本书从个人偏好歧视理论角度阐释了互联网金融中的本地偏好现象，丰富了该理论的应用范围。

---

① LIN M, PRABHALA N R, VISWANATHAN S. *Judging borrowers by the company they keep: friendship networks and information asymmetry in online peer-to-peer lending* [J] . *Management Science*, 2013, 59 (1): 17-35.

（2）本地偏好存在动态扩散效应，并且具有类别差异

现有研究较多从静态角度对本地偏好进行度量，而本书采用的数据包含时间变量，便于以动态视角考察本地偏好的变化。在融资初期，投资者与融资者的距离较近；随着融资的进行，投融双方的平均距离从 3605 千米逐渐增加到 4229 千米。以动态视角考察本地偏好，有助于深入理解投资者行为模式的变化，为投资者行为分析提供了新的视角。本地偏好的扩散在不同项目类别中呈现截然不同的走势。例如，在某些类别的项目中，成功融资项目的距离扩散趋势曲线远离融资失败项目的距离扩散趋势曲线；而在另外一些项目中，两条曲线则非常接近；一些项目的距离扩散曲线比较平缓，而另一些项目类别的距离扩散曲线则较陡峭。通过预测模型发现，在考虑本地偏好的动态扩散后，对项目融资结果的预测准确率从 63% 上升到 70% 以上。对于某些类别的众筹项目，本地偏好在投资行为中并不起作用，甚至存在相反的效果。这证明了在互联网融资环境下，不同客体属性下主体的心理和行为存在差异。

心理距离存在于人类生活的各个方面。从物质存在形式看，它体现为时间距离和空间距离；从人文社会特征看，它体现为社会距离和心理距离。在大众传播中，心理距离存在于传播者与受众、传播者与被反映对象等多个方面，是构建传受关系的基础。正确认识和把握心理距离，是形成和谐的传播关系、实现理想传播效果的条件。然而，之前的研究几乎都把心理距离作为一个静态变量，认为投资者之间的心理距离以及由此导致的社会距离、空间距离等具有不变性[①]。当将时间因素纳入心理空间距离考量后，我们发现，在由广大投资者共同参与投资的众筹项目中，心理距离、社会距离、空间距离随时间的推移而改变，且这种改变本身又受到项目类别等属性的影响。

---

① 钟毅平，黄柏兰. 心理距离对自发特质推理的影响［J］. 心理科学，2013（5）：1031-1036.

现在，我们从以下方面对心理空间距离进行了动态拓展，并应用于在线众筹。

第一，动态心理距离：之前关于心理空间距离的研究一般将距离视为一个静态变量，忽略了其动态性。本书按照投资的时间将投资者的距离划分为若干阶段。对大多数众筹类别的项目而言，在前期阶段，投融双方的距离较近；而随着融资的进行，投融双方的距离逐渐扩展到较广泛的范围。在这个过程中，时间因素对投资者的心理空间距离产生的影响往往被忽略。而本书发现，前一期的投资者对后一期的投资者行为具有显著影响，这一研究结论拓展了心理空间距离的研究范畴。

第二，集体协作下的心理空间距离：之前关于心理空间距离的研究通常都是针对个体的优化策略[①]，而众筹这一商业模式是由众多投资者共同参与的，单个投资者很难对项目融资绩效产生实质性影响。在开放集群下，其他投资者的行为会极大程度地影响个体的心理空间距离。当其他投资者都参与某个项目的投资时，由于集群效应[②]，该投资者也倾向于投资该项目。因此，投资者个体受到群体协作下其他投资者群体的影响。集体协作的影响需要通过时间变量来展示。本书结合了时间因素与集体协作下的心理空间距离，完善了心理空间距离的主体行为分析。

第三，客体属性对主体心理空间距离的影响：较多的关于心理空间距离的研究都基于一个假设，即客体属性不变性。即在研究的客体属性和性质固定的前提下，探讨主体对这些属性和性质的态度、行为[③]。这个前提假

① 唐甜甜，胡培. 社交距离、时间距离对消费者在线购买决策行为影响的统计解释［J］. 统计与决策，2018（15）：53-56.

② DEMIRER R, ZHANG H. *Do firm characteristics matter in explaining the herding effect on returns?* ［J］. *Review of Financial Economics*, 2019, 37 (2): 256-271.

③ CHOI Y K, YOON S, KIM K, et al. *Text versus pictures in advertising: effects of psychological distance and product type* ［J］. *International Journal of Advertising*, 2019, 38 (4): 528-543.

设在众筹项目投资中显然不成立。众筹项目来自各行各业,具有不同的类别、属性、性质,导致其评价标准各异。更重要的是,在众多的众筹项目中,一些是搜索型的众筹项目,通过查看项目参数就可以判断项目质量;而另一些是体验型的众筹项目,只有得到融资者承诺的回报后,投资者才有可能判断项目的真实质量。本书讨论了项目的属性对本地偏好的不同影响,证实了本地偏好对投资者心理空间距离的影响,丰富了对于本地偏好影响因素的认识。

第四,从距离变化速率角度为心理空间距离提供了更加深入的解释:已有的关于心理空间距离的模型中,一般都把变化的过程作为一个离散型函数,即投资者要么投资某个项目,要么不投资某个项目[①]。这种处理在很多场景中也是合理的,离散选择模型在营销、行为分析、心理学等领域有广泛的应用[②]。但是,一旦在投资者行为中加入时间变量,离散选择模型就难以很好地捕捉众多投资者的动态投资行为。在这种情况下,连续型模型具有更大的优势,尤其是在由众多投资者共同参与的众筹模式中。一些众筹项目能够快速扩展到远距离的投资者,即心理空间距离的变化速率较大;而另一些项目的心理空间距离的变化速率则极慢,投资者之间的距离具有稳定性。

(3)中美两国文化背景的不同对个体投资者本地偏好的影响存在差异

美国投资者表现出较高的开放性,他们广泛投资来自世界各地的众筹项目;而中国投资者则相对较为封闭,更倾向于投资本国的众筹项目。同时,研究也证实,在中国和美国内部均存在不同程度的本地偏好。我们采用文化背景的差异作为解释中美投资者本地偏好差异的理论基础。中国投资者深受

---

① PRONIN E, OLIVOLA C Y, KENNEDY K A. *Doing Unto Future Selves As You Would Do Unto Others: Psychological Distance and Decision Making* [J]. *Personality and Social Psychology Bulletin*, 2008, 34 (2): 224-236.

② CHIONG K X, SHUM M. *Random Projection Estimation of Discrete-Choice Models with Large Choice Sets* [J]. *Management Science*, 2019, 65 (1): 256-271.

农耕文化的影响，怀揣着回馈家乡、支持家乡发展的思想，对距离较近的项目表现出更大的投资意愿，即中国投资者展现了更强的本地偏好。

中国投资者受到农耕文化的深刻影响，而美国投资者则更多受到商业贸易文化的熏陶，这导致了两者性格上的差异。具体来说，乡土情结、血缘、姻缘、乡缘、地缘、人缘等构成了中国投资者需要共同面对的来自社会群体的影响因素。在全球市场化和城市化的共同作用下，我国城乡之间形成了庞大的流动人口群体，但无论这些人口如何变迁，乡土情结、血缘、姻缘、乡缘、地缘、人缘等因素都是个体无法回避的重要话题[①]。一些研究者将这种现象归纳为人缘因素对中国投资者的影响。在众筹投资领域，研究表明，前期投资者中有相当一部分是融资者的朋友或家人。然而，这些研究并未将投资者身份上升到中国投资者特有的乡土情结和人缘因素层面，因此，很少有研究尝试比较中国和美国投资者在本地偏好上的差异。

从中国的地理位置来看，其地理环境极为完整，山脉河流构成一个完整体系，这样的民族强调的必然是群体的和谐。群体意识以血缘关系为纽带，形成了个人必须满足群体发展的观念。在众筹项目投资中，众多个体投资者共同投资一个项目，个体服务于群体发展。在人缘为纽带的思想中，人缘关系支持了个体投资者的投资行为，表现在投资者距离上就是对本地项目的偏爱。在家庭中，个人是血缘链条中的一个环节；在社会上，个人也是复杂关系网中的一个节点。这些关系将所有个体联合成一个有机整体，个人消融于整体关系之中，整体的价值无可置疑地高于个人价值。作为群体中的个体，其行为准则必然受到群体思维的影响。在群体思维中，为群体贡献个人力量通常是个体行为准则，这是乡土情结下个体的必然选择。因此，当面临远距离与近距离的众筹项目时，中国投资者由于其乡土情结等因素，更倾向于投

---

① 李志刚，刘晔，陈宏胜 . 中国城市新移民的"乡缘社区"：特征、机制与空间性——以广州"湖北村"为例［J］. 地理研究，2011，30（10）：1910-1920.

资距离较近的项目，这是中国投资者本地偏好比美国投资者更加显著的原因之一。

美国文化建立在古希腊传统之上，是一种海洋文化，其思维方式以亚里士多德的逻辑思维和分析思维为特征，强调个人特性和自由，是一种以个人主义为主的社会。美国传统中贯穿了在竞争中求生存求发展的信条，他们为了在竞争中保持不败之地，永远愿意进行创新，渴望寻求解决老问题的新办法，也愿意迁移、接受新工作、进行冒险，而这正是很多中国人所缺乏的。鉴于美国人的这种发展和创新思维，乡土情结在个体行为逻辑中的影响自然十分有限。因此，美国投资者的行为受到人缘因素、乡土因素的影响较小。在众筹项目投资中，他们评估项目时更加注重项目本身的质量，而较少受到人缘因素的影响。由此，美国投资者展现了比中国投资者更弱的本地偏好。

从美国投资者对土地的依恋来分析，中世纪中后期和近代，由于私有制深入家庭内部，为成员的独立奠定了基础（包括经济独立、精神独立）。美国是由大批移民构成的，是一个多民族的"熔炉"，也有人将美国称为"色拉盘"。经过民族融合，形成了一个新的民族——美利坚民族。这是一个多元制的社会，多元制的社会强调所有思想和意见都能得以表达和实现。因此，他们所追求的是个人的自由和平等。在这种社会思想下，乡土情结、血缘、姻缘、乡缘、地缘、人缘等群体因素对个体的影响极其有限。个体常常以商业上的成就衡量其价值，因此，投资者在评估一个在线众筹项目是否值得投资时，关注的是项目的质量、可能获得的回报、商业前景等商业因素，而较少考虑乡土情结、血缘、姻缘、乡缘、地缘、人缘等因素。商业思维是美国投资者的主导思维，地理位置对投资者行为的影响极小。因此，当美国投资者对众筹项目进行投资时，对地理位置的依赖极小，表现在投资行为差异上就是本地偏好的差异。

（4）本地偏好在投资者个性化偏好中的应用能增强个性化推荐效果

作为投资者行为模式的一部分，探究本地偏好对众筹项目融资绩效的影响，在现有研究中几乎未被涉及。本书证实了本地偏好是投资者参与众筹项目投资的关键因素，对于不同类型的项目，投资者评价标准的差异是导致本地偏好距离扩散差异的原因。这为融资者和众筹平台向投资者推荐合适的众筹项目提供了理论依据。同时，本书提出了基于本地偏好的协同过滤算法，并将其应用于众筹项目的个性化推荐中。在理论上，这一算法改进了互联网金融领域的投资者偏好识别，并提升了推荐系统的性能。在实践上，它为提高众筹项目融资成功率提供了一种有效方法。本地偏好可用于构建投资者偏好模型和投资者画像，进而提升推荐效果。考虑本地偏好的推荐算法能够提升推荐系统的性能。更进一步，当归一化后的距离惩罚因子设为 0.3 时，包含距离惩罚因子的协同过滤算法能够取得最佳推荐效果，优于距离过滤与协同过滤的组合算法。

在解释上述研究结论时，本书分别运用了个人偏好歧视理论、心理距离和空间距离理论、海洋文明与农耕文明的差异、客体属性对主体偏好的心理影响等理论。概括而言，本地偏好是个人偏好歧视理论在互联网金融领域的延伸，在线众筹行为中的本地偏好为个人偏好歧视理论在互联网投资领域的行为模式提供了新的阐释。个人偏好歧视作为一种普遍的社会心理学现象，深受投资者文化背景的影响。本书重点分析了中美文化背景差异对两国投资者本地偏好差异的影响。源自海洋文明的美国投资者极为开放，他们广泛投资来自世界各地的众筹项目，因此表现出较弱的本地偏好。而中国投资者深受农耕文化的影响，具有更强的乡土情结。同时，在中国传统文化的影响下，血缘、姻缘、乡缘、地缘、人缘等因素对个体投资者具有较大影响，他们对本地资源的依赖也更大。因此，中国投资者表现出比美国投资者更强的本地偏好。

此外，本书还将中国投资者所在地分为三个子区域：中国大陆、中国台湾和中国香港。这三个地区都呈现出对本地资源的显著偏好，但这种偏好在三个地区中并不均衡。相对而言，中国大陆的投资者对本地资源的偏好最为强烈，其次是中国台湾地区，最后是中国香港地区。而在中国大陆地区，按省份对投资者的本地偏好进行比较时发现，不同省份的投资者本地偏好也存在显著差异，这与美国投资者内部对不同州省本地资源的偏好相似。在区域内部的本地偏好上，中美投资者表现出了一定的一致性。本书以本地偏好行为模式为指导，根据投资者行为模式的特点，指导设计新一代的互联网众筹模式，充分考虑投资者的投资偏好和投资特点，以提高互联网金融的融资能力和友好性。

8.2　未来展望

鉴于多种原因，本书仍存在一些不足，以下方面有待改进：实验数据基于"All-or-Nothing"融资模式，未考虑其他模式。例如，在以 Rockethub 为代表的"All-and-More"模式下，投资者的本地偏好可能呈现出不同的趋势。本地偏好只是投资者众多偏好中的一种，可能与其他偏好相互影响[①]，如性别偏好、名人偏好等。未来需要尝试分析投资者多种偏好的交叉效应。本书分析了本地偏好对融资效果的影响，但除了物理距离外，心理距离也会影响投资者的投资行为。未来需要结合心理学和行为科学进行量化分析。在分析国家级本地偏好时，本书在大样本数据下假设各个国家和地区的项目总体质量不存在显著差异。这种假设在数据量足够大时是成立的，但在一些国家仍存

①　牛志勇，黄沛，王军，等．公平偏好下多渠道零售商线上线下同价策略选择分析［J］．中国管理科学，2017（3）：121-129.

在样本数量过小的问题。当样本数量过小时，假设"项目质量不存在本质差异"可能并不成立，这是未来研究需要深入考虑的问题之一。

关于本地偏好的解释，本书研究的一个重要依据是项目的前期投资者通常是融资者的朋友和家人，因此前期投融双方的距离比后期更近。然而，这一依据只能解释初期投资者的行为，无法解释中期及后期投资者的行为模式差异。但融资中期和后期的投资行为差异在本书研究数据中客观存在，对这种现象的理论补充是未来研究的一个方向。本书的计量模型忽略了内生性问题。事实上，本书倾向于认为投资行为的本地偏好导致了项目融资效果的差异，但另一个可能的解释是本地偏好导致投资行为的差异进而影响项目融资效果。对于这种模型内生性问题，计划未来采用"Difference in Difference"方法来解决。

在本地偏好的应用实验中，本书采用欧拉距离和球形距离度量投资者距离，未细致考虑地理位置的计算方法。实际上，投资者与项目之间的距离可分为若干层次，如国家级偏好、州省级偏好及城市级偏好等。这种层次可以采用"金字塔"模型进行建模[1]，从而得到更加细致的投资者偏好模型。鉴于投资者参与行为受到时间因素的影响，推荐系统可以尝试考虑这种动态地理位置变化对推荐性能的影响。众筹项目分为若干类别，投资者对每个类别的评价标准存在较大差异。投资者对某些类别（如科技类）的地理位置不敏感，而对另一些类别（如食品类）的地理位置极其敏感。因此，在理论上考虑不同项目类别之间的差异可以提高推荐的准确率。另外，对于众筹项目的另一个影响因素是投资者对某类型项目的偏好。未来计划尝试对不同项目类别进行分组，并比较不同类别下本地偏好对推荐性能的影响。

---

① SUBRAMANIYASWAMY V, LOGESH R, INDRAGANDHI V. *Intelligent sports commentary recommendation system for individual cricket players* [J]. *International Journal of Advanced Intelligence Paradigms*, 2018, 10 (1-2): 103-117.

参考文献

一、中文类

［1］陈义友，张锦，罗建强. 顾客选择行为对自提点选址的影响研究［J］. 中国管理科学，2017，25（5）：135-144.

［2］费孝通，韩格理，王政. 乡土中国［M］. 北京：北京大学出版社，2012.

［3］李志刚，刘晔，陈宏胜. 中国城市新移民的"乡缘社区"：特征、机制与空间性——以广州"湖北村"为例［J］. 地理研究，2011，30（10）：1910-1920.

［4］刘征驰，何焰，马滔，等. 基于发起人视角的创意众筹异质性激励机制研究［J］. 管理学报，2017，14（6）：868-876.

［5］刘志伟. 论P2P网络借贷平台业务发展的合法模式选择——从《关于促进互联网金融健康发展的指导意见》谈起［J］. 中南大学学报（社会科学版），2015（6）：27-33.

［6］牛志勇，黄沛，王军，等. 公平偏好下多渠道零售商线上线下同价策略选择分析［J］. 中国管理科学，2017（3）：121-129.

［7］唐甜甜，胡培．社交距离、时间距离对消费者在线购买决策行为影响的统计解释［J］．统计与决策，2018（15）：53-56.

［8］王伟，郭丽环，王洪伟，等．基于 Web 的众筹研究回顾：融资模式、影响因素和行为模式［J］．数据分析与知识发现，2018，2（7）：13-25.

［9］王伟，郭丽环，王洪伟．融资人，项目内容和交互信息对融资的影响——基于公众科学平台的实证研究［J］．科学学研究，2018，36（5）：868-883.

［10］王西玉，崔传义，赵阳．打工与回乡：就业转变和农村发展——关于部分进城民工回乡创业的研究［J］．管理世界，2003（7）：99-109.

［11］土先甲，何奇龙，全吉．基于复制动态的消费者众筹策略演化动态［J］．系统工程理论与实践，2017，37（11）：2812-2820.

［12］王晓珍，郑颖，蒋子浩，等．补贴政策对家用光伏购买意愿的影响——基于心理距离和风险偏好的实证分析［J］．软科学，2019（4）：130-135.

［13］项亮．推荐系统实践［M］．北京：人民邮电出版社，2012.

［14］薛巍立，王杰，申飞阳．竞争环境下众筹产品的定价策略研究［J］．管理工程学报，2017，31（4）：209-219.

［15］赵科源，于锦雯．股权众筹助推大众创业万众创新［J］．理论视野，2015（9）：71-73.

［16］钟毅平，黄柏兰．心理距离对自发特质推理的影响［J］．心理科学，2013（5）：1031-1036.

二、外文类

〔1〕AHL H. *Why research on women entrepreneurs needs new directions* 〔J〕. *Entrepreneurship theory and practice*, 2006, 30 (5): 595-621.

〔2〕AIZENMAN J. *Internationalization of the RMB, Capital Market Openness and Financial Reforms in China* 〔J〕. *Pacific Economic Review*, 2015, 20 (3): 444-460.

〔3〕AN J, QUERCIA D, CROWCROFT J. *Recommending investors for crowdfunding projects* 〔C〕//Proceedings of the 23rd international conference on World wide web, ACM, Year, 2014: 261-270.

〔4〕ARDALAN K. *Equity Home Bias: A Review Essay* 〔J〕. *Journal of Economic Surveys*, 2019, 33 (3): 949-967.

〔5〕BASCHIERI G, CAROSI A, MENGOLI S. *Family firm local involvement and the Local Home Bias phenomenon* 〔J〕. *Long Range Planning*, 2017, 50 (1): 93-107.

〔6〕BERGSTRAND J H. *The Gravity Equation in International Trade: Some Microeconomic Foundations and Empirical Evidence* 〔J〕. *Review of Economics & Statistics*, 1985, 67 (3): 474-481.

〔7〕BI S, LIU Z, USMAN K. *The influence of online information on investing decisions of reward-based crowdfunding* 〔J〕. *Journal of Business Research*, 2017, 71 : 10-18.

〔8〕BRENT D A, LORAH K. *The economic geography of civic crowdfunding* 〔J〕. *Cities*, 2019, 90 : 122-130.

〔9〕BROER T. *The home bias of the poor: Foreign asset portfolios across* the wealth distribution［J］. *European Economic Review*, 2017, 92 : 74-91.

［10］BURTCH G, DI BENEDETTO C A, MUDAMBI S M. *Leveraging information systems for enhanced product innovation*［M］//Martínez-López FJ (ed.): Handbook of strategic e-business management, Springer, 2014: 211-216.

［11］CERTO S T. *Influencing initial public offering investors with prestige: Signaling with board structure*［J］. *Academy of Management Review*, 2003, 28 (3): 432-446.

［12］CHAKRAVARTHY S R, OZKAR S. *Crowdsourcing and Stochastic Modeling*［J］. *Business and Management Research*, 2016, 5 (2): 19.

［13］CHIONG K X, SHUM M. *Random Projection Estimation of Discrete-Choice Models with Large Choice Sets*［J］. *Management Science*, 2019, 65 (1): 256-271.

［14］CHOI Y K, YOON S, KIM K, et al. *Text versus pictures in advertising: effects of psychological distance and product type*［J］. *International Journal of Advertising*, 2019, 38 (4): 528-543.

［15］CONTI A, THURSBY M, ROTHAERMEL F T. *Show Me the Right Stuff: Signals for High-Tech Startups*［J］. *Journal of Economics & Management Strategy*, 2013, 22 (2): 341-364.

［16］CUMMING D J, JOHAN S A. *Venture capital and private equity contracting: An international perspective: Academic Press*［EB/OL］. (2013-8-29)［2024-11-28］.https://www.elsevier.com/books/venture-capital-and-private-equity-contracting/cumming/978-0-12-409537-3.

［17］DEMIRER R, ZHANG H. *Do firm characteristics matter in explaining the herding effect on returns?*［J］. *Review of Financial Economics*, 2019, 37 (2): 256-271.

[18] DISDIER A C, HEAD K. *The Puzzling Persistence of the Distance Effect on Bilateral Trade* [J] . *Review of Economics & Statistics*, 2008, 90 (1): 37-48.

[19] DORFLEITNER G, HORNUF L, WEBER M. *Dynamics of investor communication in equity crowdfunding* [J] . *Electronic Markets*, 2018, 28 (4): 523-540.

[20] DUSHNITSKY G, GUERINI M, PIVA E, et al. *Crowdfunding in Europe: determinants of platform creation across countries* [J] . *California Management Review*, 2016, 58 (2): 44-71.

[21] ELBERSE A. *Should you invest in the long tail?* [J] . *Harvard Business Review*, 2008, 86 (7/8): 88.

[22] ELITZUR R, GAVIOUS A. *Contracting, signaling, and moral hazard: a model of entrepreneurs, 'angels,' and venture capitalists* [J] . *Journal of Business Venturing*, 2003, 18 (6): 709-725.

[23] GAMBLE JR, BRENNAN M, MCADAM R. *A rewarding experience? Exploring how crowdfunding is affecting music industry business models* [J] . *Journal of Business Research*, 2017, 70 : 25-36.

[24] GE M, DELGADO-BATTENFELD C, JANNACH D. *Beyond accuracy: evaluating recommender systems by coverage and serendipity* [C] // Proceedings of the fourth ACM conference on Recommender systems, ACM, Year, 2010: 257-260.

[25] GERBER E M, HUI J. *Crowdfunding: Motivations and deterrents for participation* [J] . *ACM Transactions on Computer-Human Interaction* (TOCHI), 2013, 20 (6): 1-37.

[26] GREENBERG M D, PARDO B, HARIHARAN K, et al. *Crowdfunding*

support tools: predicting success & failure [C] //CHI'13 Extended Abstracts on Human Factors in Computing Systems, ACM, Year, 2013: 1815-1820.

[27] GULATI R. *Does familiarity breed trust? The implications of repeated ties for contractual choice in alliances* [J]. *Academy of Management Journal*, 1995, 38 (1): 85-112.

[28] KAPLAN K. *Crowd-funding: Cash on demand* [J]. *Nature*, 2013, 497 (7447): 147.

[29] KIRMANI A, RAO A R. *No pain, no gain: A critical review of the literature on signaling unobservable product quality* [J]. *Journal of Marketing*, 2000, 64 (2): 66-79.

[30] LAI S, TEO M. *Home-Biased Analysts in Emerging Markets (Digest Summary)* [J]. *Journal of Financial and Quantitative Analysis*, 2008, 43 (3): 685-716.

[31] LAURELL C, SANDSTRÖM C, SUSENO Y. *Assessing the interplay between crowdfunding and sustainability in social media* [J]. *Technological Forecasting and Social Change*, 2019, 141 : 117-127.

[32] LESTER R H, CERTO S T, DALTON C M, et al. *Initial public offering investor valuations: An examination of top management team prestige and environmental uncertainty* [J]. *Journal of Small Business Management*, 2010, 44 (1): 1-26.

[33] LEWIS K K. *Trying to explain home bias in equities and consumption* [J]. *Journal of Economic Literature*, 1999, 37 (2): 571-608.

[34] MAMONOV S, MALAGA R. *Success factors in Title III equity crowdfunding in the United States* [J]. *Electronic Commerce Research and Applications*, 2018, 27 : 65-73.

［35］MASON M F, NORTON M I, HORN J D V, et al. *Wandering Minds: The Default Network and Stimulus-Independent Thought*［J］. *Science*, 2007, 315 (5810): 393-395.

［36］MCAFEE A, BRYNJOLFSSON E, DAVENPORT T H, et al. *Big data: the management revolution*［J］. *Harvard Business Review*, 2012, 90 (10): 60-68.

［37］MCKENNY A F, ALLISON T H, KETCHEN D J, et al. *How Should Crowdfunding Research Evolve? A Survey of the Entrepreneurship Theory and Practice Editorial Board*［J］. *Entrepreneurship Theory and Practice*, 2017, 41 (2): 291-304.

［38］MCNEE S M, RIEDL J, KONSTAN J A. B*eing accurate is not enough: how accuracy metrics have hurt recommender systems*［C］//CHI'06 extended abstracts on Human factors in computing systems, ACM, Year, 2006: 1097-1101.

［39］MCNEE SM, ALBERT I, COSLEY D, et al. *On the recommending of citations for research papers*［C］//Proceedings of the 2002 ACM conference on Computer supported cooperative work, ACM, Year, 2002: 116-125.

［40］MIGLO A, MIGLO V. *Market imperfections and crowdfunding*［J］. *Small Business Economics*, 2019, 53 (1): 51-79.

［41］MOLLICK E. *The dynamics of crowdfunding: An exploratory study*［J］. *Journal of Business Venturing*, 2014, 29 (1): 1-16.

［42］PARKER S C. *The economics of entrepreneurship*［M］. Cambridge: Cambridge University Press,2009.

［43］PRONIN E, OLIVOLA C Y, KENNEDY K A. *Doing Unto Future Selves As You Would Do Unto Others: Psychological Distance and Decision Making*［J］. *Personality and Social Psychology Bulletin*, 2008, 34 (2): 224-236.

［44］RAKESH V, LEE W-C, REDDY C K. *Probabilistic group*

recommendation model for crowdfunding domains [C] //Proceedings of the Ninth ACM International Conference on Web Search and Data Mining, ACM, Year, 2016: 257-266.

[45] ROMÁN M V, MATEO-MANTECÓN I, SAINZ-GONZÁLEZ R. *Intra-national home bias: New evidence from the United States commodity flow survey* [J] . *Economics Letters*, 2017, 151 : 4-9.

[46] SNYDER J, CROOKS V A, MATHERS A, et al. *Appealing to the crowd: ethical justifications in Canadian medical crowdfunding campaigns* [J] . *Journal of Medical Ethics*, 2017, 43 (6): 364-369.

[47] SORENSON O, ASSENOVA V, LI G-C, et al. *Expand innovation finance via crowdfunding* [J] . *Science*, 2016, 354 (6319): 1526-1528.

[48] SUBRAMANIYASWAMY V, LOGESH R, INDRAGANDHI V. *Intelligent sports commentary recommendation system for individual cricket players* [J] . *International Journal of Advanced Intelligence Paradigms*, 2018, 10 (1-2): 103-117.

[49] WANG N, LI Q, LIANG H, et al. *Understanding the importance of interaction between creators and backers in crowdfunding success* [J] . *Electronic Commerce Research and Applications*, 2018, 27 : 106-117.

[50] XU A, YANG X, RAO H, et al. *Show me the money!An analysis of project updates during crowdfunding campaigns* [C] //Proceedings of the SIGCHI conference on human factors in computing systems, Toronto, ON, Canada, ACM, Year, 1987: 591-600.

[51] YAO H, ZHANG Y. *Research on influence factors of crowdfunding* [J] . *International Business and Management*, 2014, 9 (2): 27-31.

[52] ZAIER Z, GODIN R, FAUCHER L. *Evaluating recommender*

systems［C］//Automated solutions for Cross Media Content and Multi-channel Distribution, 2008 AXMEDIS'08 International Conference on, IEEE, Year, 2008: 211-217.

［53］ZHAO Q, CHEN C-D, WANG J-L, et al. *Determinants of backers' funding intention in crowdfunding: Social exchange theory and regulatory focus* ［J］. *Telematics and Informatics*, 2017, 34 (1): 370-384.

后　记

历经五年，本书终于即将出版。这本书凝聚了我多年来对互联网众筹项目本地偏好行为的深入思考与研究成果。在撰写过程中，我遭遇了诸多困难与挑战。从资料和数据的搜集、整理，到分析处理，再到文字的锤炼、润色与修改，每一个环节都耗费了我大量的时间和精力。然而，当我看到自己的研究成果即将化作一本学术著作面世，所有的付出都显得那么值得。

在此，我衷心感谢所有给予我支持与帮助的人。特别要感谢我的博士生导师——华侨大学工商管理学院的郭东强教授，他对我进行了精心的学术指导，使我的书稿不断完善与进步；同时，我也深深感激泉州师范学院陈守仁商学院的各位领导以及众多同事的鼓励与建议；感谢我的家人和朋友们，他们始终是我最坚强的后盾；还要感谢我的编辑和校对人员，他们对这本书进行了悉心的润色与修正。没有他们的支持与帮助，这本书难以顺利问世。

最后，我希望这本书能给读者带来一些启发与思考，为互联网金融的管理、营销渠道以及健康发展提供一些理论依据与实践参考。我也期望自己能够在所研究的领域中不断前行、持续探索，以期产出更多、更好的科研成果。